万物的边缘

On the Brink of Everything

[美] 帕克·帕尔默 著
郭舫 黄邦福 译

哈尔滨出版社
HARBIN PUBLISHING HOUSE

黑版贸审字08-2019-211号

图书在版编目（CIP）数据

万物的边缘 / (美) 帕克・帕尔默(Parker J.Palmer) 著；郭舫, 黄邦福译. —哈尔滨：哈尔滨出版社, 2019.11
ISBN 978-7-5484-4892-1

Ⅰ. ①万… Ⅱ. ①帕… ②郭… ③黄… Ⅲ. ①人生哲学—通俗读物 Ⅳ. ①B821-49

中国版本图书馆CIP数据核字(2019)第214602号

书　　名：万物的边缘
WANWU DE BIANYUAN

作　　者：[美] 帕克・帕尔默　著
译　　者：郭　舫　黄邦福
责任编辑：赵　晶　马丽颖
责任审校：李　战
封面设计：返　祖

出版发行：哈尔滨出版社（Harbin Publishing House）
地　　址：哈尔滨市松北区世坤路738号9号楼　　邮编：150028
经　　销：全国各地新华书店
印　　刷：三河市中晟雅豪印务有限公司
网　　址：www.hrbcbs.com　　www.mifengniao.com
E-mail：hrbcbs@yeah.net
编辑版权热线：（0451）87900271　87900272
销售热线：（0451）87900202　87900203
邮购热线：4006900345　（0451）87900256

开　　本：870mm × 1280mm　1/32　印张：7.75　字数：140千字
版　　次：2019年11月第1版
印　　次：2019年11月第1次印刷
书　　号：ISBN 978-7-5484-4892-1
定　　价：28.00元

推荐语

帕克·帕尔默拥有最睿智的头脑、最智慧的人生，也是我最伟大的导师之一。他拥有诗人的精神与先知的声望。本书是读者的良友，不但让我们幸存于这个破碎的世界，也可让我们像帕克·帕尔默那样，在人生的每个阶段都拥有诚挚而高尚的整全性。

——克丽丝塔·蒂皮特（Krista Tippett）

克丽丝塔·蒂皮特："存真工作室"创建者，著有《爱因斯坦的上帝》和《增进智慧》（荣获2014年度"美国国家人文奖章"）。

帕克·帕尔默是我们这个时代最不可或缺的、最赤诚的老师。80岁高龄的他见多识广、充满质疑精神，并从中获得了人人所需的智慧。他的这部近作《万物的边缘》，对衰老进行了深入反思，是一位大师对大事小情的经验之见，它告诉我们：每个人的人生是如何由不可或缺的丝线编织而成的。本书将点亮你的灵魂，带你接近人生的本质。

——马克·尼波（Mark Nepo）

马克·尼波：著有《共处甚于独处》和《觉醒之书》。

《万物的边缘》是帕克·帕尔默的第十部著作，充满智慧之见。它是一个老朋友发出的心声，完美地融合了现实与可能、宽慰与故事、忠言与诗歌。它是赤诚的钟声，无论你处于人生的何种阶段，都催你警醒。全书贯穿时空，过去与现在交织，让人耳目一新。这是一本充满无限感恩、慰藉与赞颂的书。

——内奥米·谢哈布·奈（Naomi Shihab Nye）

内奥米·谢哈布·奈：著有《迁移》和《空中的声音》，曾入围“美国国家图书奖”。

我们的整个文化都非常需要真正的长者。你无法成为长者，直到你的阅历、精神和学识都达到长者的标准。帕克·帕尔默是一位作家，也是一位真正配称长者的人。这位长者的文字，依然具有很强的可读性，充满幽默感。本书是他献给我们所有人的又一份慷慨的礼物——帮助我们创造真正的人类文明的礼物。

——理查德·罗尔（Richard Rohr）

理查德·罗尔：“思考与行动中心”创建者，著有《踏上生命的第二旅程》和《亚当归来》。

帕克·帕尔默的书，是我人生旅途中弥足珍贵的良师益友。他奉献的这部新作，目光犀利，笔调轻松愉快，充满启发性和预见性，坦诚得毫不设防。它对人类共同的困境满怀柔情，对人类共同的可能性充满炽热的爱与毫无保留的希望。它让人感觉是作者和读者在餐桌旁愉快地谈心，探讨和思考衰老问题，找寻艰难岁月的意义，调和人生各个阶段的外部世界和内心世界。本书是作者的一份慷慨馈赠，奉献给这个充满焦虑和厌倦的世界。

——嘉莉·纽坎玛（Carrie Newcomer）

嘉莉·纽坎玛：音乐人，格莱美“最佳创作奖”获得者，录制有专辑《尚不完美》；亦是作家，著有《渗透的人生：诗歌与随笔》。

这些年来，帕克·帕尔默已给予我太多的馈赠。他的作品带给我的影响，让我渴望自己的作品也能这样影响他人。《万物的边缘》带给我新的、特别的礼物。在年近八旬的帕克·帕尔默的帮助下，我这个60岁出头的人开始将未来的岁月视为“包裹于奥秘中的三重奏”。品读这本书，犹如师徒间探讨衰老，其结尾处的诗歌，奏响了本书的最强音。读到最后一页，我的第一个念头是：“我要从头再读一遍，现在就开始。”

——布赖恩·D. 麦克拉伦（Brian D. McLaren）

布赖恩·D. 麦克拉伦：著有《伟大的精神迁徙》。

帕克·帕尔默教导过、催生过无数的我的同龄年轻人，我也是其中之一。20多岁时，我站在了人生的十字路口，是他的著作《让你的生命发声》给了我激励，让我去追寻一条不同寻常的道路，成了一名行动派艺术家。他释放了我内心深处的音乐。如今，我已过而立之年，面对刺耳的尖酸之语和震耳欲聋的暴力，是他的友善教会我如何忠实于自己的旋律，如何坚持弹奏自己的旋律。在黑暗之中，帕克·帕尔默教会我如何凝望夜空、想象死亡、聆听祖先的智慧；他们的音乐在我的音乐中回荡。本书倾注着帕克·帕尔默的洞见，犹如一个藏宝箱。《万物的边缘》充满着智慧宝石，每颗宝石犹如一面棱镜，帮助我们看清浩瀚如海的内心，吟唱出属于我们自己的真实。我最大的愿望，是能够像帕克·帕尔默那样度过人生旅程、到达人生边上，满怀谦卑与忠诚，衣兜里也装满智慧宝石。

——瓦莱莉·考尔（Valarie Kaur）

瓦莱莉·考尔：民权活动家、律师、电影制作人、“革命之爱计划”创建者。

这个星球上最睿智的人，创作的这部最精美的著作，探讨了我们应该如何优雅而勇敢地老去。本书充满温情与智慧，各个年龄段的读者都会从中获得愉悦与激励。

——理查德·莱德（Richard Leider）

理查德·莱德：著有或与其他作者合著有畅销书《使命的力量》《重整行囊》和《人生再憧憬》。

献　词

谨以此书献给我的编辑、挚友雪莉·富勒顿，没有她，我的几部著作肯定不会问世，著作的出版也不会给我的人生赋予如此的活力。

此书也献给我的读者们——青年读者、老年读者以及中年读者。在我的十部著作和40年的写作生涯中，你们一直是我的“意义共同体”。

目　录

序　曲

每天，我都在靠近人生的边缘。当然，我们每个人都在走向那里，哪怕是年轻人，只是我们大都过于忙碌，忙碌于“重要的事情”，无暇思考死亡。然而，一旦重病或意外袭来，或者我们挚爱的某个人死去，或者我们去参加同学聚会，分不清那些老头儿老太太都是谁——此时，面对人生边上的“坠落”，我们很难再对死亡视而不见。

本书出版时，我已近耄耋之年，因此，有时我能看见人生的边缘近在眼前，本就不应感到意外。但我的确感到意外。让我感到更意外的，是我竟然喜欢变老。

衰老带来减损，但也带来不少增益。我失去了一心多用的能力，但我重新找到了专注一事的快乐。我的思维稍变迟钝，但经验增加了思维的深度与广度。我与复杂的大计划绝缘，但我更能觉察到简单小事情的美好：与朋友谈心、林中漫步、日出日落、美美地睡上一晚。

当然，我也有恐惧，现在和将来时常都会有恐惧。但随着时间在我身后拖长影子，面前的时间渐渐缩短，我主要的感觉却是对人生的馈赠充满感激。

我喜欢变老，最重要的原因，是我在人生边上看到的壮美风景、我人生的全景画卷——是因为宜人的微风让我清醒，让我重新理解我的过去、现在和未来。这正如库尔特·冯尼格特的小说《自动钢琴》中的那个人物所言：

> “在悬崖边上，你能看见的一切，是你在中心位置所无法看到的。”[1]

回望过去，我明白了我为何需要那些烦闷与激励、愤怒与爱、痛苦与欢乐。我明白了一切都有应属的位置，哪怕是那些黑暗笼罩的绝望日子。曾经让我悲痛不已的不幸，如今在我看来却是编织更大织物的强劲丝线，没有它们，我的人生织物不会那么有韧性。过去那些因为急于追求新的成功而未能好好享受的成功时刻，如今我可以慢慢回想、品味。想起那些一路上帮助过我的人，现在的我更加充满感激，感激他们的爱与肯定，感激他们给予的艰难问题与令人生畏的挑战，感激他们的怜悯与宽恕。

环顾我们共同生活的这个世界，环顾这个世界的痛苦与希望，我看见那么多人在为人类的希望而勇敢地生活。衰老不是可以躺下休息的时候，除非因为身体障碍而需要躺下休息。衰老只是无所失去的代名词，是为了人类共同利益而甘愿冒更大风险的人生时段。

展望我越过人生边上的那一天，伦纳德·科恩所说的我们“无法战胜的失败”的那一天，我可以确知的是，那将是一段漫长的路[2]。我会展开双翼飞翔，会像岩石般无声落下，还是如哀号的女妖会燃为灰烬？我不知道。

但有一点我是肯定的：我能走到这么远，真是幸运。很多人从未有机会站在我所在的地方欣赏人生风景，而我本来很可能成为其中的一员。我知道那些日子，抑郁的声音告诉我：与其勉强活着，不如死去。在那段漫长的时光里，我让医生感到厌烦；但最近15年来，在好几个领域的专家的眼中，我成了让他们感兴趣的 “抑郁嫌疑犯”。

因此，我不是要耽于浪漫，美化衰老和死亡。我只是知道：衰老是一种荣幸，而死亡无从逃避。

※ ※ ※

2004年，我刚过完65岁生日，一天傍晚，我和朋友们待在一起。他们让我感到有些难堪，问起关于我们那一代人的座右铭：“永远不要相信30岁以上的人。”在诸如“你的人生保质期已经超过两倍了”等一片嘲笑声中，有人问我：“说真的，你对衰老有什么样的感受？”

“等我老了，我会告诉你的，”我说，“不过，我现在可以告诉你，我年轻时喜欢的迪伦·托马斯的那首诗歌——《不要温顺地走进那个良宵》——说的不再是我。”[3]

那是一个深秋的傍晚，我们望向西方，景色迷人。“看啊，那个夕阳，”我接着说道，“真美啊。世界变暗之前，它会越来越美。如果现在那夕阳开始升起，我们会尖叫起来。世界末日！因为我们的太阳系已经发疯，自然规律已经失效。”

“我不想同衰老的重力（gravity）对抗。衰老是自然规律。我想尽可能地同衰老合作，企盼自己像那落下的夕阳，也能优雅地‘落幕’。尽管有人已满脸皱纹和愁容，但能够活到说一句‘我老了’的年纪，也是一种美好。”

今天，想到“同衰老合作”，我会面带微笑。它让我想起19世纪超验主义者玛格丽特·富勒与作家托马斯·卡莱尔之间的对话。富勒宣称：“我接纳这个世界。”卡莱尔回应说：“嘿！她最好如此。”[4]对于这个小争论，我站在富勒这一边，尽管我钦佩卡莱尔的机智。

对于死亡，我们别无选择。但如何接纳死亡，我们可以做出选择——这个选择，因为颂扬青年、贬轻老年、不鼓励我们面对死亡的文化而变得困难。自然规律支配着日落，也支配着我们的死亡。但如何走过那段人生弧线，迈向人生的夕阳，这由我们自己选择：是拒绝、对抗，还是合作？

多年以来，写作一直是我同人生合作的一种方式。对我而言，写作不是头脑中装满想法，然后把这些想法“下载”到页面。这不是写作，而是打字。[5]写作是在纸张上或在电脑上进行自我对话，是内心的呈现，是一种无须预约，也无须付费的“话疗”。这是我写的第十本书，是我与衰老合作结出的一个果实——是来自一个同路人的奉献，送给那些同行于此路、一路思索的人。

※ ※ ※

关于“优雅、重力与衰老”，我想再说几句。写这篇序曲时，我正在新墨西哥州的圣菲市。十多年来，每年晚春，我和我的妻子都会来此处待上两周，徒步旅行、写作、打盹、品尝美国西南部的美食、欣赏壮美的夕阳。

在我这个年纪，打盹、品尝美食和凝望天空是毫不费力的。但走在山间小路上，与65岁时初次到此处相比，现在的我感受到的优雅与重力愈加强烈。

优雅在于：我有健康和力量，能自己爬上高地的沙漠；几天后，我的肺和心脏依然能够适应圣菲市与我中西部的家乡2133米的海拔差异；我站在登山口，依然相信自己能爬到山路中途，甚至能爬到2473米—3048米高的山顶；每迈出一步，我的周围都是很多人从未有机会欣赏的美丽风景。

但是，随着我往上走，重力开始起作用。我比先前走得更慢，更频繁地停下来喘气。我得更小心地下脚，以免突然失去平衡而栽倒在地。重力的拉拽是衰老不可避免的部分。正如他们所言：“一切都每况愈下。”精力、反应速度、肌肉张力、身体状况——这一切，都愈来愈糟，都在走向泥土。

重力将我们带向坟墓，我们没有任何办法与之对抗。但重力有一种反作用力，名叫“轻力”（levity）。根据网上词源词典的解释，“所谓轻力，是旧科学（16—17世纪）对物体的某种力或特性的命名，它与重力相反，使物体上升。”[6]当然，对我们而言，“轻力”是指减轻生活重压的幽默感，是切斯特顿说出下面这句话时心里想到的那种力量：“天使能飞翔，是因为他们把自己看得很轻。”[7]

正如伦纳德·科恩在一首令人难忘的歌曲中所写：“唉，我的朋友都已离去/我满头白发/曾经游玩的地方，让我想得心痛。”[8]是的，第一句歌词让人心情沉重，但第二句歌词会让人开怀大笑，减轻了负重感。

诗歌会利用隐喻的力量来消解沉重的心情，因而也可以减轻负重感。下面这首由诗人珍妮·洛曼所写的诗歌就是一个例子；她一生都在写诗，直到93岁时去世，其诗歌充满顿悟与优雅。这首诗歌，帮助我克服了心里偶尔涌出的对于衰老的沉重感。它也激励我写出了这本书——这本关于衰老的沉思录，在书中，我已经尽力地忠实于重力、优雅与自我体验的声音，也邀请读者聆听自己的声音：

祈　愿

祈愿我们，忠实于重力、优雅和赋予，

忠实于我们自己的声音，

忠实于绘制我们舌沟地图的线条。

祈愿我们，转向字词的根基，
拒绝庄严与口号，
尊重潜藏的、不易说出的话语。
口含圆石，帮助我们练习唱歌，
面向大海，我们放声歌唱。
祈愿世间万物，能得以保存，
为我们，这美丽而神秘的语汇。
我们梦想，消去又萌生，
人类的语言，音乐，
只有听见，方能听清。
祈愿上苍，赐予我们赋名的力量。
我们的言语，是乘着呼吸飞翔的羽毛。
祈愿它们，飞向神圣的方向。[9]

我希望，本书中的文字都“拒绝庄严与口号”，都“尊重潜藏的、不易说出的话语”。我的文字只不过是“飞翔的羽毛”，但这并不重要。重要的是，它们都飞向“神圣的方向”和“人生的方向”。

※ ※ ※

我的第一本书出版于1979年，那一年我40岁；我的第九本书出版于2011年，我时年72岁。因此，平均而言，我要花三四年的时间才能写出一本书。每写一本书，我都感觉那是一场马拉松；写完第九本书后，我感觉自己再也无力参加“长跑比赛”了。

2015年年末，我和我的好友、长期合作的编辑雪莉·富勒顿在交谈的时候，她问我是否在写一本新书。我说：“没有，我没有精力，写不了新书了。不过，我非常喜欢写点儿简短的东西——写写小随笔和诗歌。”

雪莉问我：“你是否想过，把这些随笔收集起来，加上你的一些诗歌，加以编辑，再写一些新的东西，然后把它们组织成一本书，就像你写的《让你的生命发声》那样？”下面的谈话，正如“甲壳虫”乐队所言，很好地说明了朋友的细微或巨大的帮助，将如何帮助我们渡过难关：

我：没有，我没有写。我是说，一本书必须要有某个主题。而我写的那些简短的东西，都是散乱的，没有主题。

雪莉：呃，你说的不对。我知道的，因为这几年来你寄给了我很多文章。

我：你认为它们贯穿着某个主题？

雪莉（片刻沉默后）：帕克，你读过自己写的东西吗？

我：当然没有。我干吗要读呢？我写出来就完事了。那好吧，我来问你。请你告诉我，我写的是什么？

雪莉：衰老！这就是你写的主题。你不知道吗？

我（脑海里灵光一闪）：天哪，不是吧……既然你提到了，关于衰老的书肯定很有意思……太好了，要是我早点儿想到这个，那该多令人高兴啊！

这就是本书的构思。通过24篇简短的随笔和若干诗歌（包括我写的一些诗歌），我对衰老进行了多个层面的反思。[10]本书不是对抗衰老的指南或手册。相反，它是我对自己衰老体验的“棱镜”折射，借此鼓励读者也进行自我反思。我们需要重新界定衰老，将它视为发现世界、融入世界的通道，而非拒绝和无为的借口。

我们每个人随时都在变老——如果我们足够幸运——因此，我希望本书不但会让我的同龄人产生共鸣，也会让那些尚未获得“老年证”的人产生共鸣。毕竟，有些年轻人，我们是可以称之为“老人”的。我想到了我27岁的孙女，也是我的好友——希瑟·帕尔默。自她出生之日起，我们共同走过的路，打开了我的眼睛、头脑和心灵。

在本书中，我将“棱镜”转动7次，每转动一次，都会有不同的光线折射出我的衰老体验：

Ⅰ.人生边上的风景：我在此处的所见

这部分探讨的是我在逐渐衰老的过程中学到的某些东西，尤其是留心衰老并提出正确问题的重要性。

Ⅱ.老年与青年：代际之舞

这部分关注的是创造性地融入青年人。老年人和青年人如电池的两极，连通后所释放的能量，可以点亮双方的人生，也会帮助照亮这个世界。

Ⅲ.回归真实：从虚幻到现实

这部分是对精神生活的反思。我对精神生活的理解，是不断地努力穿透虚幻、接触现实——这对所有年龄段的人而言都是一个重要的任务，也是优雅地老去所必须做到的事情。

Ⅳ.工作与事业：书写人生

这部分讨论的是呼唤我们很多人的那个声音："不管你为了薪水做的是什么工作，这才是赋予你生命的东西。"——很久以来，有个声音一直在对我说："写作！"随着我们变老，我们必须清楚赖以生存的工作与赋予人生意义的事业之间的区别。很多人年老后都会退休或失去工作，但对于事业却可以追求到人生尽头，而且这会赋予老年人生所迫切需要的意义。

Ⅴ.外部接触：保持与世界联系

这部分通过事例说明了老年人必须继续关心共同生活的这个世界并为之采取行动——哪怕是心里挂念，哪怕是和身边的人谈谈。

Ⅵ.内心接触：保持与灵魂联系

这部分揭示了沉默而孤独地修养内心的核心地位。认识自己，将根扎入地下，对于老年人至关重要。享受孤独，可以让我们的生命最终过渡到死亡变得容易——这个旅程，我们只能独自去完成，回归我们来处的寂静。

Ⅶ.人生的另一边：我们死后去向何方

这部分回答了这个古老的问题："我们死后会发生什么？"我最初的营销计划很简单："想知道答案吗？请购买这本书。"但我的出版者否决了这个想法——因为这事关广告的真实性。我只能说，读完第七章后，你就会知道我们死后去向何方，尽管我也不太清楚具体的经度和纬度。

欢迎来到人生边上。你用了一生的时间，才来到此处，但其壮美的景色与扑面的宜人微风，为这个旅程赋予了价值和意义。

人生边上的风景：我在此处的所见

引　言

查一查《剑桥在线词典》，你会发现："边缘"一词的定义是"悬崖或其他高处的边上；某件好事或坏事即将发生的时刻"，并附有这样一个例句："该公司处于破产的边缘。"[1]

尽管这个词语可用于正面的场合，但我不知道它为何大都用于负面的场合——比如：放弃的边缘、发狂的边缘、战争的边缘。也许那是因为我们在内心深处害怕从高处掉落或害怕越界进入未知。但我们不是也可以处于自由飞翔的边缘，发现美的边缘，找到宁静与快乐的边缘?

正如我在序曲中所言，我喜欢站在"人生边上"，因为这能给我新的视角以理解我的过去、现在和未来，能让我对塑造和驱动我人生的内在动力拥有新的洞见。本章所收录的随笔，探讨的是我近年来内心的几个意外发现。有些发现并不起眼，但所有发现都丰富了我的人生。

第一篇随笔《人生边上》，解释了我如何将我的好友考特尼·马丁所写的一篇精美随笔中的词句"盗用"为本章的章名；她讲述了自己在探索世界的女儿玛雅身上看见的奇迹。一个冬日的清晨，我读着这篇随笔，突然想到了本书的一个写作路径：16个月大的玛雅在探索的，正是年近八旬的我要重新探索的东西。

第二篇随笔《我的人生有意义吗？》，讲述的是我如何理解这个常被人问及的古老问题的错误所在：如果你问的是错误的问题，那么你得到的就是错误的答案。于是，我开始寻找正确的问题——至少有一个问题是正确的——并且找到了适合自己的正确问题。也许，我的沉思也会激励你去寻找适合你的正确问题。

第三篇随笔《萎缩成真实》，是我对伴随衰老而来的皱纹所做的积极理解。因为衰老，我们才有机会活过威廉·巴特勒·叶芝所说的“说谎的青春”，然后“萎缩”，进入奥利弗·温德尔·霍姆斯所说的“位于复杂性另一端的简单性”[2]。长期以来，我一直认为，进入衰老，别无所剩，只剩下说真话——尽量记得怀着爱说真话。进入衰老，是一种解脱，我不必再故作姿态，因为我不必再向谁证明什么。

本章以我的一首小诗《大峡谷》为结尾，它反映的是我们多层面的人生，以及各个层面如何组成整个壮观的人生。这首诗歌，是我在乘坐筏子沿科罗拉多河顺流而下时写成的，一连9天，我都在体验船工们常说的“又在沟里战斗了一天”。

有时候，艰难的一天结束后，我发现自己也会说那句话；人生如十级激流，充满惊涛骇浪——而我的周围，却是这惊心动魄的人生的壮美风景。

人生边上

2015年3月1日，我读到我的好友和同事考特尼·马丁所写的一篇随笔，题目叫作“重逢敬畏”[3]。它描绘了一幅精美的画面：16个月大的女儿玛雅如何帮助考特尼透过一个蹒跚学步的孩童的眼睛看见了人生的奇迹。

让我着迷的，是考特尼这篇随笔的开篇之句：“我的女儿正站在人生边上。”这正是79岁的我今天的所在之处。我站在余生的边缘，时常会对人生充满敬畏，包括我从此处几乎能看见的死亡。

如果我说，衰老带来的一切都让我充满敬畏，那我就是在说谎。考特尼写道：玛雅用勺子“随意地将一点儿奶酪舀进她的嘴里”，每吃一口都欢欣地鼓掌。我进餐时的“不端行为”，可不值得鼓掌。昨晚进餐时，我的妻子咧嘴笑起来，指着她的下巴，对我说：“你又把饭菜弄到脸上啦。”我伸手去拿餐巾，嘴里嘟哝道：“我是要把它留作点心。”

考特尼写道，她带玛雅出去散步，玛雅“开心而自由”地蹦蹦跳跳，然后“很快又转回来”，确保她的妈妈跟在身后。如果我蹦蹦跳跳、转来转去，我就得去看医生，修复某个关键的身体部位了。

说到医生，和许多老年人一样，我的生活也面临着某些持续性的健康挑战。它们不会立即危及我的生命，但我得更加频繁地和医疗专家们见面，每次见面，我都会心生踌躇，尤其是看见家人、朋友和同事生病、逝去。然而，正是因为岁月的缩减，站在人生边上的我，才常常发现自己心生敬畏。

考特尼的随笔在网上发表的那天清晨，我醒来，开始了我的一天。能够醒来本身就值得祝贺。我推了推床沿，看看自己还有多少力气，定神想了想，然后沿着一条熟悉的线路，走向一间我每晚都要出入数次的小室。

这是一个冬日，我的世界冻得发硬，朝东的窗户上装饰着冰花。光秃秃的树干上方，一轮血色的朝阳映红了天边。透过冰花，阳光将窗户玻璃变成了彩色玻璃。我站在那里，站了好几分钟，欣赏这美景，仿佛是在凝视沙特尔大教堂的一扇美丽的圆花窗。

我走到楼下，调高温控器的温度，开始烧水煮咖啡。炉火窃窃私语，炉膛上的炉子嗞嗞作响，我感到倍加温暖。让我感到更加温暖的，是重读一天前收到的一封手写书信，感谢我60多岁时出版的一本书。信中写道：“你写的自己的抑郁经历，拯救了我的人生。”

我把信放下，回想起以前的每个清晨，我都赶着回去写作，未能停留哪怕几分钟，欣赏苏醒的世界的美丽。长久以来，我都痴迷于写作，在衰老让我放慢写作前，我只知急切地敲打键盘，却没有看见周围世界的美丽。

为此，我感到有些后悔。然而，在那样的日子里——如激光般聚焦于审视、绘制“里面”的东西，却忽略了“外面”的风景——

我写出的东西，却帮助一个陌生人找到了新生。

回首过去，我心生敬畏，敬畏于接纳一切——我做对的事、我做错的事——所带来的整全性是何等优雅。心理学家芙洛丽达·司各特-马克斯韦尔在她85岁时写道：“你只需要接纳所有的生活事件，让自己属于自己。当你真正悦纳自己的一切、悦纳自己所做的一切时，你就能勇敢地面对真实的自我。”[4]

勇敢面对真实的自我的感觉，就是我能对自己说：“我是那个忏悔的我，也是那个倾听的我。我是堕入黑暗的我，也是升入光明的我。我是背叛的我、忠诚的我，我是成功的我、失败的我。我是愚昧无知的我、富有洞见的我，我是怀疑的我、坚信的我，我是充满恐惧的我、满怀希望的我。”

整全并不意味着完美——整全，意味着接纳破碎，把它作为人生不可或缺的部分。衰老引领我回望过往的人生道路，那道路弯弯曲曲、起伏不平，远谈不上完美，我为这种真实而心存感激。

烧水壶发出咕嘟咕嘟的声响，我给咖啡壶倒满了热水。等待咖啡泡制的时候，我开启智能手机，连上网络，阅读考特尼的随笔《重逢敬畏》。读完之后，我开始品味，发现在此时、在这新的一天的边上，我的心中充满了敬畏。

每过一小时，我都离死亡更近一步。我们每个人时刻都在靠近死亡，但很少有人会敏锐地意识到这一点，直到衰老或灾难提醒我们站在何处。关于临终和死亡，我没有睿智的话语。我见过挚爱之人痛苦地死去，也见过挚爱之人安详地死去。该如何走完那段最后的路程，谁也说不准。

至于死后的世界，我并不知情，因而无法告知。但我知道，如果在那里我能每天清晨喝上咖啡，那就是到了天堂——我有理由相信它的可能性。有人告诉我，在另一个世界，人们可以烘焙咖啡豆。

我确切知道的是：我们来自神秘，也将归于神秘。我还知道：站在离死亡现实更近的地方，让我警醒，惊叹于人生有那么多的馈赠。

在我阅读考特尼这篇随笔的那个清晨，我就拥有了众多的馈赠。透过我家的花窗，我看见了朝阳中的世界。我读到了一位陌生人写来的慷慨信件以及一位友人的动人随笔。我拥有身心的力量，能走下楼去、煮咖啡，然后再上楼走进书房，开始写这篇短文。我找到了一句话，它最终成了本书的书名。我为自己想到在地狱煮咖啡、在天堂喝咖啡而开怀大笑。人生的这些精神面包，如果没有幽默发酵，会让我肚子发疼。

考特尼写道，她的女儿“对这个世界只有一个强烈而随性的期望：让我快乐”。如同16个月大的玛雅，年近80的我对这个世界也只有一个期望。我年事已高，知道这个世界会让我快乐，因此，我不是期望世界，而是期望自己——为拥有人生的馈赠而感到快乐并心存感激。

我的人生有意义吗？

我所写的一切，在我看来，不过是稻草而已。

说出这句话的，是西方世界极富影响力的神学家、经院哲学的集大成者托马斯·阿奎那——天主教圣人托马斯·阿奎那。说完这句话三个月后，他就辞别了人世。时为1274年。[5]

阿奎那纠结的这个问题，也困扰着各种各样的人，从父母、管道工到教授，困扰着你我这样的、从未获得阿奎那那样的盛名和历史影响力的人。这个问题，各个年龄段的成人都会问起，但最急于知晓答案的，也许是老年人，他们想知道，所有的那些岁月是否有任何价值：我的人生有意义吗？

随着我日渐衰老，与年轻时相比，我更经常地想到这个问题。有时候，我能够确认，我做出过有意义的贡献，至少在我的个人生活中和公众生活中是如此。而有时候，我所做的一切，又显得如稻草般易燃、易碎。

如果你曾经为人生的意义感到沮丧，你就会知道，他人的肯定，不管多么慷慨，都是不管用的。意义这个问题，我们每个人必须自己去寻找答案——2016年5月12日星期四，我就思索到凌晨5点15分。

我照常开始我的一天，喝咖啡、写诗。偶然间，我读到一首关于爱的本质的诗歌。读了一遍又一遍，我渐渐明白：纠缠于“我的人生有意义吗”这个问题，是不会有任何出路的。无论我是夸赞自己，还是贬低自己，这个问题的核心都有瑕疵，一个因为我的宿敌——傲慢的自我——而产生的瑕疵。

下面就是这首令我大开眼界的诗歌，其作者为诺贝尔文学奖获得者、美国籍波兰诗人切斯瓦夫·米沃什：

爱

爱，是学会看待自己，
以看待远方之物的方式，
因为，你只是沧海一粟。
谁这样看待自己，谁的心病，
就会治愈，连自己都不知情。
小鸟和树会对他说：知音。

于是，他渴望运用自己和万物，
好让自己和万物站立在光辉里成熟。
他是否知道奉献什么，这并不重要：
奉献得最好的人，往往自己并不知晓。[6]

诗歌的最后两行，蕴含着真理和释然的态度。不管我的目标是多么清晰，事实上，我常常不知道自己为谁奉献、奉献了什么。

我现在还记得，很久以前我所做的一次演讲。我的目标是征服听众，但他们并不感兴趣，因为他们稀稀拉拉的、勉强的掌声说明了一切。当时的我很年轻，我用了两个星期，才走出失败的阴影。几年之后，一个非常偶然的机会，我碰到了当时在场的一位听众。他对我说："见到您，我非常高兴。我一直想告诉您，您的演讲改变了我看待教学的方式，这种改变，使我和我的学生都获益匪浅。"

他的话让我恍然大悟：我不知道，也无法知道人生的意义，更不用说支配或控制人生的意义。正如米沃什所言："他是否知道奉献什么，这并不重要。"我能控制的，只有我的动机、我为别人奉献的意愿——但愿他们也乐于奉献而非炫耀。

诗人继续写道："奉献得最好的人，往往自己并不知晓。"这个诗句让人释然，因为人生有很多东西被神秘层层包裹。如果我确切地知道自己在做什么、为何而做——确切到迷失的地步，迷失了关键的东西：别人真正需要的是什么，我有什么可以奉献——那这就是我受自我控制的迹象，一个危险的迹象。我最好的奉献，是来自直觉深处，来自我所说的灵魂。我无法确切知道自己在为谁奉献、奉献什么；接纳这个事实，我就得到了解脱，言行不再受自我的支配。

说到自我，米沃什的这首诗歌的前面数行，对"舞台中心"的渴望提出了直接质疑："爱，是学会看待自己/以看待远方之物的方式/因为，你只是沧海一粟。”啊，是的，现在我要记住：我不是任何人“太阳系”中心的“太阳”。如果我继续把自己置于中心，坚持认为我很特别，我的人生肯定有某种特别的意义，那我就会在绝望和自欺中死去。

一旦我明白自己“只是沧海一粟”，并不比米沃什诗中所写的小鸟和树更为重要，我就会获得内心的宁静。我对小鸟和树了解甚少，但我确切地知道：它们不会琢磨，也不会担忧自己的一生是否有意义。它们只是做真实的自己。在其一生中，它们与我这样的人成为知音；只需抽出时间，去欣赏大自然慷慨赐予的馈赠，我们就会被提升。

米沃什写道：“谁这样看待自己，谁的心病/就会治愈，连自己都不知情。”这是我一次次的经验。漫步于森林里、山间、海边或沙漠中，最能让我看清自己的人生，重拾信心和勇气。在这样的地方，我会融入其中，欣慰地知道自己“只是沧海一粟”，于是，自然万物都成了我的知音——正如米沃什在诗中所写的那样。

接着，米沃什以优美的诗句写道：要让自己和世界万物“站立在光辉里成熟”。请不要问我这个诗句的确切含义，因为我也不知道。但我确实知道：一旦我明白我不是太阳，我就会脱离太阳的轨道，不再投下阴影。我会退到一旁，让真正的太阳照耀万物、照耀每个人，让万物和每个人在生命的光辉里成熟。也许，这就是米沃什对爱的最终定义，让我获益匪浅。

现在，我会安心地认为：我不需要提出或回答“我的人生有意义吗”这个问题。我需要做的，只是如“沧海一粟”地继续生活，希望帮助自己和他人站在阳光下成长，拥有丰盈的爱与人生。

在以后的数日或数周里，如果我会想起这个“大问题”，发现自己纠结于找到“肯定”或“否定”的答案，那我不会感到奇怪。要逃出米沃什诗歌中的这种“监牢”，我将是终生的“惯犯”。

释放冒险的灵魂、抑制傲慢的自我，这不容易做到。但只要我们尽力为之，它就会拯救我们，使我们免于悲伤，更好地为这个世界奉献。因此，如果有一天你听见我在大街上喃喃自语：“只是沧海一粟、只是沧海一粟”，你就知道我依然在为之努力。或者，它依然在对我起作用。

萎缩成真实

智慧随时间而来

枝叶繁多，根只有一条；
那些说谎的青春日子里，
我曾在阳光下花叶招摇，
而今，我愿萎缩成真实。

——威廉·巴特勒·叶芝[7]

每年，我的朋友们都会说，他们不知道送我什么生日礼物。我的回答，都是下面这个他们早就听腻的老笑话。他们会叹气，眼珠一转，然后岔开话题。（这是老年人的经验之谈：不断地重复说，让人们以为你要疯癫了，而其实你是想避开讨厌的话题。）

问：一个人什么都不缺，你会送他什么？
答：青霉素。

我需要的，不是物质性的礼物。但我的确需要记住我在80余年的人生中所学到的几条经验。因此，下面这6条经验，就是我送给自己的生日礼物。如果其中的某些经验恰巧是你想要的礼物，那明年的生日我会更加快乐。

1. 本文开篇处叶芝的那首诗歌，道出了我永远不会忘记的某种真理。积极地接纳衰老，让我有机会超越“说谎的青春日子”，然后“萎缩成真实”——如果我能抵御诱惑，不用以注射肉毒杆菌来对抗“萎缩”。

我年轻时所说的那些“谎言”，不是有意为之。我只是不太了解自己、世界以及二者之间的正确关系，所以无法说真话。因此，我说的那些“谎言”，常常出自我的自我——那个声名狼藉的说谎者。要接受真实的自我、真实的灵魂——接受复杂而混乱的、混合着黑暗与光明的“我”——我的自我就需要萎缩。而要让一个人萎缩，莫过于让他衰老。这正是那些皱纹的意义所在。

就这一点而言，不管我曾多么真实，都不是因为让我鼓起勇气、诚实地面对自己的某种精神修行，而是因为我的自我被分解为人生的“堆肥”，我发现自己只能求饶：“好吧，我认输了。我远谈不上完美。”

2. 诗歌于我具有救赎的力量，对很多人也是如此。雷纳·玛利亚·里尔克、玛丽·奥利弗、温德尔·贝里、内奥米·谢哈布·奈、威廉·斯泰福、杰勒德·曼利·霍普金斯这些诗人，都曾给过我“救生衣”，让我没有溺亡；都曾给过我压舱物，让我没有飘到高空缺氧窒息；都曾给过我地图，让我没有迷路于荒野。优秀的诗人，会遵从艾米丽·狄更生的建议——“说真话但要委婉”——会悄悄地向我传达信息；如果我看见这些信息冲我而来，我肯定会想办法躲避。[8]

我读诗，也写诗，因为就我所知，诗歌是最好的自我治疗方式。数年前的一天，我正徒步行走在一条乡村道路上，路旁是一片被耕过的土地，我抑郁不堪，觉得这就是我的末日，于是写出了下面的这首诗歌。在漫长的岁月里，这首诗歌帮助我找到了重生之路。

犁

这片甜美的土地，被犁戕害，
丑陋不堪的土块，被犁翻开，
岩石和扭曲的草根露出地面，
去年的生长，已被犁刃破坏。
也是这样，我犁开我的人生，
将我的历史都翻了个遍，
希望找出自己出错的根，
直到满脸创伤、皱纹和疤痕。

够了。任务结束。
不管什么被连根拔起，

就让它做来年生长的苗床。

我犁地，是挖掘去年的原因——

农人犁地，是种植绿色的季节。

——帕克·帕尔默

《犁》这首诗歌，在西方文学经典中并没有一席之地。但它帮助我走出了死亡的黑暗，走进了“绿色的季节”，因此，它就是我的经典。

3. 我写过10本书和数百篇随笔，通过它们，我写下了数十万个句子，有些句子特别长，足以缠绕一颗粗壮的红杉树。但我写过的最重要的一个句子，也许只有一个词语：“够了。”

这个词语，在恰当的场合说出，可以保卫我们的灵魂；年龄越大，越容易说出这个词语。现在的我，只要某件事情不会给我活力，就会毫不犹豫地说出“够了”——不管是狂暴和过劳、个人偏见、不健康的关系、社会的残酷与不公、从宗教到政治等领域的权力滥用，还是毒害美国人民的种族主义、性别歧视、排外主义和秘密法西斯主义。

在我年轻的时候，说出“够了”，常常会冒风险。我见过有人因为说出“到此为止，够了”而失去宠爱、朋友、名声、金钱和生命。但从老年人的角度看，风险是不同的。我更害怕的，不是为自己关心的事情付出代价，而是衰老到屈从于内心和周围最坏的冲动。

有些人非常幸运，他们的物质需求得到了极大的满足，我就是其中之一，因此，我不必担心失去有些人生存所需的东西。对我这样的人而言，“控制自己、安全为上”这种想法只是逃避责任的借口。我们这些能做到的人，应该为我们关心的一切大声疾呼：自由是无须考虑代价的代名词。

4. 我关心的一点，是年轻一代和他们即将进入的世界，这个他们将帮助改造的世界。我发现，关心他们，也是关心我个人的福祉。

心理学家爱利克·埃里克森说过，在迈向衰老的过程中，我们面临着在“创生”（generativity）和“停滞”（stagnation）之间做出关键的选择。[9]创生不只是创造。创生是指：转向新生的一代，为他们提供我们所知的、他们会发现有用的一切——以及更为重要的是，向他们学习。我尽量经常和年轻人交谈、共事，而且往往因此而得到提升。

几年前，我在家里举行了一个为期两天的小型交流会，参会者都是年龄不及我一半的年轻人。我听他们从自己的角度谈论这个新兴的世界是什么样子。在某个时刻，我对他们这样说：

> 我感觉，我就站在地球表面弧线的半道上，而你们快接近弧线的顶点，看见了我无法看见的地平线。我想知道你们看见了什么，因为那条地平线上的一切，也正在向我冲过来。请告

诉我那是什么——告诉我的时候，请大声、清楚地说出来，这样我就能听见你们说的是什么！

给我同龄人的建议：下次当你认为自己“已经翻过山头，开始走下坡路”时，请告诉自己：“不，我只不过是站在离地球弧线较远的地方。”

5. 我认识的老年人，大都会为丢弃那些多年积攒的物品而感到烦恼。然而，进入老年后，我真正需要丢弃的垃圾，是心理垃圾——比如，我长期坚信但现在已对我无用的人生意义。例如，在过去的半个世纪里，工作一直是我主要的身份认同的来源，而现在我已不再工作，那我是谁？

我不会知道答案，直到我到了“那里”。但在通往死亡的道路上，我发现了一个带给了我新的意义的问题。我不再问：“我要放下什么，我要抓住什么？”相反，我会问：“我要放下什么，我要奉献什么？”

渴望“抓住”，是因为贫乏和恐惧；渴望“奉献”，是因为富足和慷慨。这就是我渴望萎缩而成的那种真实。

6. “萎缩成真实”，迟早会以死亡告终。死亡是“萎缩”的最终形式，也许也是“真实”的最终来源。谁知道呢？死亡，也许如诗人露西尔·克利夫顿为悼念亡夫而写的那首诗歌：

弗雷德·克利夫顿的逝世

我，好像被拉向，
自己的中央，
离开了我的边缘。
在我爱妻的手上，
我看见，
清晰得让我惊叹，
我没有双眼，
却能看见，
我上升、旋转，
穿过我的皮肤，
我的周围，
全是无形的万物，
啊，终于，
只有万物自身。[10]

我不知道，临死之时，我能从中了解到什么。我能确知的是：来到这个星球时，我对自己来自的地方没有任何糟糕的记忆，因此，离开这个星球时，我也没有任何理由为将要去往的地方感到恐惧。

而且，我非常清楚自己要去往何处：美国明尼苏达州与加拿大安大略省交界处（北纬48°，西经91°）的“边界水域泛舟区”（Boundary Waters Canoe Area）。这是一个荒芜而神圣的地方，在过去的20年里，我每年夏末都会来此处度假。每次在这里，我都会心想：“这就是天堂。”我要做的，只需想办法带来一只独木舟。

我不知道天堂的确切经度和纬度。但不管怎样，我们最终都会进入自然母亲的怀抱，来自尘土、归于尘土。这个难以否认的事实会给人慰藉；我需要慰藉时，只需去林间散步、山中徒步、海边漫步或沙漠行走。这是何等不可言喻的美丽、何等超越一切的优雅！

大峡谷

他们说，这土地层层升起，
庞大的古老岩石，
身后拖着岁月。
将土体向着太阳托举，
流水切开岩石，
让这些高高的石墙，
露出逝去的岁月，
包围着窒息的空旷，
比地球所知的一切，
都更加奇妙。

我的人生，也层层升起，
每年、每日，都留下，
层层化石与泥沙，
证明着活过与错过的时日，
乏味、痛苦，还有欢乐。
内心深处有种力量，
不断将我托举向上，
推向我的死亡。

灵魂，如流水般切开一切，
切出这空旷，
内在的眼睛可以看见，
道道高耸的峡谷之墙，
它们的颜色、质地和形状，
救赎我人生的美，
黑暗与光明、虚假与真实，
而深处奔流着的水，
将我切得更深，
复活我走向墓地的心，
为一切带来、不断带来新生。

——帕克·帕尔默

老年与青年：代际之舞

引　言

自二十五六岁起，我一直都很幸运，能与比我年轻的人共事。大学任教初期，我只比我的学生年长几岁——但由于某种难以说清的原因，随着时间的推移，我们之间的代沟越来越大。在过去的30年里，作为研习班和隐修营的建导者，我常常和比我小20—40岁的年轻人共事。没有这些跨越代际的关系，我的人生不会这么丰盈，衰老后的我也不会拥有活力的源泉。

老年人和青年人之间接触，犹如接通电池的两极。我们共同为个人和社会的改变创造"电能"，而在代际隔离的社会，这些改变的通道是被切断的。让我们彼此隔离的社会环境，不会很快改变。但老年人可以向年轻人主动伸出手去；很多年轻人都渴望我们关注他们，关注他们的恐惧、梦想和未来。

本章的第一篇随笔《导师之乐》，来自我辅导年轻人的亲身经历。但它的根源可追溯至我早年被人辅导的经历，归功于那些在我年轻时为我的人生增色、帮助我找到人生道路的长者。在我三十五六岁前，我的身边一直都有导师出现——然后，他们不再前来。

我一度为此感到忧伤，直到我看穿背后的秘密：现在轮到我给予回报，去辅导新生代的年轻人。接着，我发现了另一个隐藏的秘密：我帮助年轻人成长的同时，他们也在给予我回报。

《欢迎来到人类世界》是我写给好友和同事考特尼·马丁的一封信。最近几年里，我和她都是“存真工作室”网站的每周专栏作家。有一个星期，考特尼给我写了一封公开信，谈论30多岁的年轻人（尤其是女性）所纠结的使命问题，并邀请我给她写一封信进行公开回复。

《由内而外地生活》是我为位于科罗拉多州博尔德市的纳罗帕大学2015届毕业生所作的毕业致辞。我通常是不喜欢作毕业致辞的。我感觉自己就像是一个陌生人，闯进别人的家庭和朋友聚会。虽然那里的人彬彬有礼，但他们情愿我不出现。因此，我尽量遵照主办方的要求完成任务；我清楚，我真正的任务是不妨碍他们，好让他们的聚会开始。但纳罗帕大学的这次毕业致辞受到了热烈欢迎，它给了我又一次创造代际“电能”的机会。

《11月22日》是我为纪念约翰·肯尼迪遇刺45周年而写的一首小诗。1963年的那一天，我24岁，还是加利福尼亚大学伯克利分校的一名毕业班学生。我现在还清楚地记得，我知道这个消息时自己在哪里：电报局大街的科迪书店。从那一刻起，我开始褪去年轻人的稚气，对人生的看法也更为悲观，同时开始探索、寻找超越那疯狂之举的意义。

导师之乐

每年春季，毕业典礼的演讲嘉宾都会登上全国各地的舞台，告诉毕业生们："我们未来的希望就在你们的手中。"我真想马上告诉那些演讲嘉宾：看在上帝的分上，请不要讲这样的话！

把未来的所有责任都放在年轻一代人的肩上，这是不公平的。毕竟，他们所面临的问题，部分是由我们这些老年人搞砸的。更重要的是，未来并不只是掌握在年轻人的手中。我们的未来，掌握在我们——年轻人和老年人——的手中。我们共同的生活要变得更富同情心、创造性和公正性，就需要几代人的共同努力。

请停止这种说法：我们老年人跑完了自己的一圈，现在把"接力棒"传给年轻人。大多数老年人更擅长的，是闲坐而不是赛跑，因此，我们换个隐喻，邀请年轻人加入管弦乐队。我们坐在一起，我们帮助他们学会演奏自己的乐器——他们帮助我们学习新兴世界的音乐，毕竟他们比我们听得更清楚。我们共同演奏的乐曲，会比现在的嘈杂声更为美妙、动听，虽然也会有不和谐的杂音，但杂音不会是主旋律。

奥利弗·温德尔·霍姆斯曾说，很多人"死去了，但他们的音乐还都藏在心里"[1]。我能幸免于这种可悲的命运，是因为我年轻时，不断有导师向我伸出双手，帮助我找到属于自己的音乐并学会演奏它们。现在，我有一次次的机会，将这份礼物传下去，传给音乐尚未被听见的下一代。每一位能接触年轻人的老年人也都应这样做。

我曾让人们给我讲讲关于他们最伟大的导师。他们对我说的话，几乎总是和我说过的相似：

> 我的导师能看出我的内在潜能，比我自己看见的更多。他们通过多种方式唤醒我的这些“更多的潜能”——挑战我，为我鼓劲，帮助我明白失败是人生的一部分。于是，我的导师为我打开了人生大门，或至少为我指明了通往大门的方向。如果我愿意走过那些大门，我就找到了使命和意义。我的导师改变了我的人生。

年龄和经验告诉我：辅导不是单行道。辅导是相互唤醒对方的潜能。借用神学家内尔·莫顿的说法，它是“聆听彼此内心的声音”[2]。同样重要的是，辅导让我们有机会彼此接纳，建立起接受对方弱点与需要的关系。[3]辅导是交换礼物，我们老年人收获的，不会少于付出的，甚至往往会收获更多。

作为老年人，我们知道——或者应该知道——我们拥有送给年轻人的礼物。在很多方面，我们也有过他们现在所处的处境，做过他们现在所做的事情。我们也曾跌倒、爬起来、从失败中学习、大难逃生，然后做好几件事情。当时机到来，和年轻人分享我们的故事，我们就可以帮助他们找到道路，冲出生活和工作的重重迷雾。

有一次，我主持了一个为期一天的教师研讨会，主要讨论学生学习的最佳环境。午餐时，我和7位教授同坐一桌，都是男性。有位教授谈起他大学时的“撞墙”经历：他的有机化学课程考试不及格，因而未能获得他父亲所期望的化学学位。他说：“这是我年轻时的最大灾难，但它让我走上了灵魂富足的文学道路。”

餐桌旁的每个人，包括我在内，都讲述了自己年轻时失败转化为成就的故事。他们准备返回研讨会的时候，我问道：“你们当中有多少人曾对自己的学生讲起过自己的‘创造性失败’的故事？”

没有人举手，于是我说：“你们教室里坐着的那些学生，有些可能觉得自己在生活中的某个领域是失败者，也许就是你所教授课程的失败者。因此，在时机成熟的时候，请把自己的故事讲给他们听。”

我们老年人拥有给予年轻人的礼物，但年轻人往往没有意识到他们也拥有给予我们的礼物。例如，他们几乎不明白，他们寻求老年人的指导，可以减轻我们对自己“走下坡路，淘汰出局，年轻人认为我们无关紧要”的恐惧感。20多岁的年轻人几乎都不知道，对我这样的人——差不多过了四个20岁——说出“我想向你学习”这句话所具有的力量。

年轻人还带给我活力、视野和希望，这些礼物被艰难的经历从我身边偷走，而且我对此往往并不知情。因为这些礼物，我采取某个可能有用的新角度解决了某个我认为无法解决的问题，此时，愤世嫉俗的我就会变得平和。我想：“只要有他们在，我就可以重新找到突破口。”

我不同意有些老年人的说法：“我们必须让年轻人避免犯我们所犯的同样的错误。”年轻人肯定会犯错误，但他们不会犯我们所犯的同样的错误。他们不是我们，他们的世界不同于我们成长的世界，而且他们可能比我们更聪明。

因此，我们要和年轻人分享我们的经验，帮助他们，让他们迈步向前而不是望而却步。然后，我们要和他们同行，让他们“尽管去做”——这恰好是考特尼·马丁的一本书的书名。[4]在这本书中，她讲述了8个年轻活动家的故事：需要做什么，尽管去做，即使行家认为行不通。他们跌倒后——变革的推动者难免会跌倒——我们可以帮助他们站起来，或者激励他们自己站起来。他们的下一次尝试，也许就是甜蜜的时刻，是证明行家错误、让他们哑口无言的时刻。

关于年轻人能给予老年人的礼物，还有很多可说的，比如，很多年轻人不畏人言，跨越我们之间所谓的差异界线，仿佛我们内在的相同之处比表面上的更多。当然，我们也会这样做。

不过，在本文的结尾，我不想一一列举年轻人能给予我们的礼物，我只想再谈一份通常被人忽视、未被赞颂的礼物。和我共事的年轻人，与我的很多同龄人不同，他们不会浪费任何时间为那些塑造老年人人生的宗教、教育、职业和政治结构的“旧秩序”的崩塌而哀叹。如今的年轻人出生时，这些体制很多都濒临“功能失常”。

我认识的很多年轻人，不会为即将逝去或已经逝去的东西而哀怨，相反，他们在创造前景远大的工作和生活方式——从政治运动、宗教生活到有意义的社区联系。他们还在创造独立的职业和新的职场，在宣告自由，在摆脱迫使人们进入僵化角色，对待员工如可替换机械齿轮的公司。

因为这种自由，他们可以忠于自己的天赋与愿景，忠于实现这些人生愿景所需的关系。我发现，和这些人相处，也带给我激励，他们不为失去那些不再有用的东西而哀叹。相反，他们在探索可能性，让我们老年人和年轻人一起迎接新生的可能性。

写这篇随笔时，我辅导的一个年轻人提醒我说，我在1997年出版的《教学的勇气》一书中就谈到过指导年轻人的问题——这一点，我已经忘记了。（这是年轻人给予老年人的又一份礼物——他们可以发挥“辅助记忆库”的作用。）现在，我已年迈，必须想想英文老师的话才不会混用隐喻。因此，我打算援引该书的原文，并邀请年轻人加入我们老年人，共起“古老之舞”，而不是共奏“管弦之乐”：

> 导师和学徒是“古老之舞”的舞伴；教学的最大回报，是我们每天都有机会回到舞池之中。这是螺旋式上升的代际之舞，老年人利用自己的经验赋能于年轻人，年轻人利用自己的新生赋能于老年人，两者接触、旋转，重新编织人类社会的结构。[5]

不管是管弦乐，还是舞蹈，代际的旋律都会让我们的心、大脑和双脚跳动——甚至会推动这个世界成为更美好的地方。

欢迎来到人类世界

亲爱的考特尼：

我有千万条理由珍视我们的友谊。其中的一个理由，是你邀请我进入你的世界，这个信任之举，扩大了我的世界，是一份真挚的礼物。你和你那30多位朋友开阔了我的眼界，让我接触到现实和可能性；如果不是你们，像我这样的人——一个年龄长于你两倍多的白人男性——很可能会错失这些现实和可能性。对此，我永远心存感激。

在信的末尾，你让我帮助你增长智慧。这远远超出了我的能力范围。我俩都清楚，我们每个人都拥有内在的智慧，而唤醒智慧的最佳方式是对话。当我们拆除我们之间的隔离墙（性别、年龄等），然后在中间的某个地方相遇时，我们每个人都有机会聪明起来。通过这种信件交流，我已经更加了解你提出的问题，那些关于女人、男人以及我们所走的不同道路的问题。

在信中，你提及你所在女性团体中的年轻女性——其中有些女性哀叹自己缺乏强烈的使命感——读到这些时，我的内心升起两种感受。

我对这个社会感到愤怒，它贬低某些角色，阻碍有些人追求自己的目标，竟然让如此多的人认为自己“不够好”。同时，我也充满希望：你和你的朋友们开诚布公地谈论自己的痛苦及其根源。这是朝着关爱个人幸福、激活所有社会变革所迈出的关键一步。

关于你的朋友缺乏使命感的问题，你在信中写道："每天早上醒来，她们没有跳下床就渴望去做的某件用金句表达的、确定的事情，没有一个清晰的、可追求的目标。"

坦率地讲，如果有人告诉我说，她每天就是如此醒来，那我会告诉她：不要再"秀"生活，要开始"过"生活。我就是你信中提及的那种"散漫的"人——我有太多的事情要做。如果有人要我用"电梯演讲"来总结我的工作，我会回答说："我通常都是走楼梯，因此，我没有'电梯演讲'。如果你愿意陪我走楼梯，那我可以给你讲讲。"我不知道，有什么能简化为某个金句的生活或工作是值得过或值得做的。

我唯一知道的，是自己的故事，因此，请让我简单谈谈我过去那些令人激动的岁月。30多岁时，我并没有非常清晰的"使命"——50岁出头时，我才开始有了清晰的使命感。30岁时，我只知道我不希望自己的生活和工作被大机构定义和限制。因此，我拒绝了可能让我跻身"权力中心"的工作邀请，转而从事边缘性的工作。

例如，我手里拿着博士学位证书，但我并没有选择成为大学教授，而是做了社区组织者。我薪水微薄，时常担心丢掉自己的专业，但我更看重的，不是金钱和地位，而是创造性和自由。（我有家庭，有妻子和三个孩子，没有可以依靠的信托基金。但我拥有种族、性属和阶层等方面的"安全网"，还拥有一个由奖学金资助的、零负债的学位。）

我从来不以“成就伟大事业”来看待自己的使命。我对使命的看法，现在和以前都保持一致：不断探索自己的天赋和世界的需要，想办法找到两者的交集之处。这些探索，有的引领我找到光明，有的则把我带入黑暗。我将自己的探索视为“体验真理”（借用甘地对其人生的描述用语“experiments with truth”）。同所有体验一样，有些体验成功，而有些体验会失败。[6]

你在信中写道：“桌旁坐着的这些女人，她们都做着世界上最了不起的工作，同时还是富有爱心的母亲、朋友、伴侣和邻居。望着她们，我心想，‘这些女人怎么会认为自己没有使命感？’”凭我的直觉，你的很多女性朋友——当然包括我见过的那些女性——正在进行我所做的那些探索，以某种有意义的方式“带着问题继续生活”，将来某一天就会找到有意义的答案。[7]

当然，我不想劝说你的朋友们放弃自己的感觉。你很清楚，感觉就是感觉，不是抽象概念，也应给予同样的尊重。不过，我想请你的朋友们审视自己的感觉，看看这些感觉能为她们的灵魂、生活和工作带来怎样的领悟。如果要轻轻地推她们一把，那我要说：这个社会不断迫使年轻人放弃使命，但她们并没有提前摒弃使命，因而她们应该祝贺自己。

考特尼，你问及人们对事业和价值观所持的性别差异的观点等重大问题。作为康复社会学家，我不敢对这种问题贸然定论。我所确知的是，我所认识的男人，和你的那些女性朋友一样，也会纠结于事业问题。

没错，这个社会为男性敞开的事业道路要多于女性的，为男性提供的物质回报也要高于女性的。这是体制性的性别歧视，同所有与之并行的其他“歧视”一样，都必须加以根除。不过，在我看来，这个社会的“心灵之路”、有意义的道路，几乎都不是现成的道路。这种道路，需要男性和女性共同努力，从复杂和混乱中开辟——我将你和你的同龄人视为开路先锋。

我认识的男人中，很少有人会因为某种强烈的、自负的使命感而忽略生活中的其他重要方面。但这并不是说，我们男人都做得很好。远非如此。我见过太多的男人因为工作角色的减弱或消失而失去身份认同——有时甚至会失去自己的整全性。

我认为，这不是因为我们男人太过于以自我为中心。这是因为我们没有进行自我意识培养所需的内心修养，而自我意识的基础是自我的认同而非从事的工作。男人失去内心的“指北针”，更多是源于内心空虚，而非妄自尊大。正因为如此，有些男人才会“寻爱于错误的地方”——有时与性和物质滥用有关，但更常见的是贪恋权力、财富和名声。

我所认识的男人，最常见的精神痼疾，不是自我膨胀、膨胀到生活中的其他一切都“消失不见”，而是所谓的“忧郁”。忧郁在内心滋长，自我意识就会消失。你知道的，这是我的经验之谈。

我认为，只要更多的男人聚在一起——就像你和你的朋友们所做的那样——敞开心扉，分享自己的沮丧、恐惧和希望，忧郁就是可以改变的。有一本讨论男性抑郁的畅销书叫作“我不想谈论它”（*I Don’t Want to Talk About It*），取这个书名是有道理的。[8]

你在信中提及男人的“道德败坏”，就此问题，我想稍作说明，不是针对他人，而是针对我自己，如我所记得的，就像是“带头向自己扔石头”。你非常了解我，你应该知道，我这一生都充满瑕疵和错误。我有一种直觉：我写过的最好的文字，都是源于也是关于自己的混乱状态，是希望这些文字能被他人听见，告诉他们：做人，就意味着破碎却整全。

“整全”（integrity）一词的词根，意为“完整无缺”。从根本上讲，它与“整体”“完整”和“不可分割”相关——这意味着，我们要接纳自己的破碎性，把它作为人生的组成部分。男性比女性更容易让步于整全性？我不知道，尽管我倾向于认为：这个缺点是男女共有的，是人生的一部分。

我所知道的是，我渴望有一天，男人和女人可以和他们信任的人相坐交谈，分享迈向“破碎且整全”的经历。

在此封信的结尾，我想谈一个重大的问题，一个我迈入人生暮年仍在思考的问题：既然我的人生一团糟，那我是如何战胜自己的？随着年龄的增长，我偶尔瞥见“位于复杂性另一端的简单性”，找到了几个清晰的答案：恩典与宽恕；无条件地爱家人和朋友；人们敞开心扉和我分享他们的故事，让我感觉自己不是孤单地挣扎。[9]恩典越多，宽恕就越多，富有爱心和坦诚的朋友就越多。

考特尼，你和其他人以某种方式赐予了我最具疗愈作用的一句话，一句无视我的混乱、恰恰因为我的混乱而说出的话：“欢迎来到人类世界！”

也许，我主要的人生使命，就是将这句话传递给那些和我一样需要它的人，让他们继续传递给其他人——我们都能继续为这个世界奉献自己的天赋。

也许这就是你和你的朋友们正在做的事情，为彼此，也为你们接触的其他人。

致以爱与感激的

帕克

由内而外地生活

今天，我怀着感激的心情，来到纳罗帕大学同你们相聚。过去的40年来，贵校一直是沉思式教学的先驱。你们播下的种子，已经生根发芽，遍及整个美国的高等教育界；这个成就，在纳罗帕大学创建之时，谁也不会预料到。这种高等教育模式，不但有益于你们个人，也有益于更大的世界。

能与2015届毕业生分享这人生的重大时刻，我深感荣幸。为此，我带来了两份薄礼。第一份薄礼，是我为你们未来的人生道路提出的6条简单建议。第二份薄礼，是我的承诺：12分钟左右结束演讲，好让你们尽早上路前行。

我的第一条建议非常简单：无所顾忌地用心去爱。好了，有人会认为，我是在毒害美国的年轻人——父母们、祖父母们，我在看着你们呢——我的意思是：大胆地爱生活。要激情满怀地热爱大自然、热爱人类世界，甘愿为它们冒风险，哪怕因此而受到伤害。

没有人临死之时会说："我这一生，是以自我中心、自私自利、自我保护的一生，我为此感到非常高兴。"要为这个世界坦诚而慷慨地奉献自己——奉献你们的能量、天赋、愿景和灵魂。

但你们要明白：如此生活，你们很快就会发现自己所知甚少、极易失败。要在爱与奉献中成长，你们就必须同等珍视无知与知识、失败与成功。

在这个庆祝你们成功通过严格的知识测试的日子，这条建议有些奇怪而好笑。不过，固守已知的东西，是通往未来人生的道路。因此，第一，你们要培育初心，勇敢地步入未知领域，大胆地失败、再失败——然后爬起来学习、再学习。这是通往广阔人生的道路，是奉献爱、真理与公正的道路。

第二，既然你们将无知与知识、失败与成功融为一体，那也应该同样对待你们内心的另类部分。要将你们内心光明而美好的一切，引见给您的阴暗面。让你们的利他主义与利己主义相遇、你们的慷慨与贪婪相遇、你们的快乐与忧伤相遇。

每个人都有阴暗面，我们这种高尚的人也不例外。我们这种高尚的人尤其如此！但如果你们能说“我符合上述的所有情况，有光明面，也有阴暗面”，那阴暗的力量就会被用于为善。作为一个每日潜入自己的阴暗深处三省吾身、活着一天就奉献一天的人，我这并非信口雌黄。我知道这是真的。

承认并接纳自己的一切，你们就送给了自己一份礼物，一份也会惠及我们其他人的礼物。我们这个世界非常需要的，是过着苏格拉底所言的“自省生活”的领导者。在政治、宗教、商业、大众传媒等重要领域，有太多的领导者因为不愿显得软弱而拒绝言明自己的阴暗面。阴暗面未经审视和约束，就会发挥自己的力量，悄无声息地伤害无数人，削弱我们重要机构的公信力。

如果你们重视自省，那你们就会成为社会更新所需的领导者。

但如果你们由于某种原因而选择缺乏自省的生活，那我恳请你们：不要从事关乎他人的工作！

第三，既然你们接纳自己内心的另类部分，那就请你们推而广之，也接纳外部世界的“另类”部分。如今，我不知道还有什么美德，比接纳陌生人、接纳我们视为“他者”的人更为重要。

这个社会的大多数老年人——像我这样的人——即将退出人生舞台。到2045年，大多数美国人都将是有色人种。为此，许多老年人感到恐惧——这种恐惧，被太多的无耻政客所操控，正在让我们堕落。

这个国家需要更新，但这种更新不是源于对种族“他者”、宗教“他者”和性取向“他者”感到恐惧的人。因为这种恐惧，我们曾经富有活力的社会，如今就算没有倒退，也陷于僵化和停滞。更新的希望，主要就在于欢迎和接纳多样性。

最近，我见到一位教授，他离开了一所以白人师生为主的大学，去加利福尼亚州南部教一群没有合法身份的年轻人。我问他情况如何，他回答说：“这是我最棒的工作变动。我以前的那些学生，总觉得自己有权要求老师让他们快乐。而那些没有合法身份的学生，如饥似渴地学习，非常勤奋，勇敢地迈步向前、走出自己的舒适区。”

具有这些品质的人，才是美国更新所需要的人。如果我们这些拥有特权和权力的人能够接纳他们，同他们合作，帮助他们越过前进道路上的障碍，那我们所有人的未来都将充满希望。

第四，承担有价值的重要工作，承担传播爱、和平与正义之类的工作。这意味着，你们要拒绝我们这个痴迷于以短期结果衡量成效的文化的诱惑。我们都希望自己的工作能带来改变。但如果我们从事的重要工作，其成功的唯一标准是下个季度的业绩任务，那我们到头来就会失望、绝望、放弃。

想想你们尊敬的某个人，某个因为终生致力于崇高价值而受你尊敬的人：罗莎·帕克斯、纳尔逊·曼德拉，或某个鲜为人知的人。这种人临死之时会这样说吗？“我很高兴承担了这份工作，因为现在大家可以把它从自己的待办事项中画掉了。”不会，我们的英雄承担的是不可能的工作并持之以恒，因为他们信奉的是超越成效的标准。

这个标准叫作“忠实”——忠实于自己的天赋，忠实于世界的需要，忠实于为能力范围内的一切需要奉献自己的天赋。

越固守成效标准，我们承担的任务就越小，因为只有这样的任务，才会带来短期的结果。公共教育就是一个可悲的例子。我们关心的，不再是教育孩子——这项重大的工作，远未完成。我们只关心孩子通过考试、获得量化的成绩，而不管这些考试所量化的东西是否重要。在此过程中，许多优秀教师和稚嫩孩童的心灵被我们碾碎：这个国家数百万孩子渴望的，是被珍爱，而不是被量化。

当然，我们也要关心成效。但我们要像无数的教师那样，更应该关心的是忠实——忠实于自己的使命，忠实于托付我们照顾的那些人的需要。这些重大的任务，你们一辈子都无法完成，但在人生之路的尽头，如果你们可以说“我过了忠实的一生”，你们就会带着满足感离开这个世界。

第五，做人，不但有欢乐，也会有痛苦，因此，请你们记住：面对痛苦，当我们不知道别的应对办法时，暴力就会发生。有时候，我们的暴力是针对自己的——比如，过度工作，让自己筋疲力尽或寻求各种物质滥用。有时候，我们的暴力是针对他人的：种族主义、性别歧视、同性恋恐惧；人们试图借此宣称自己比别人更优越，以此减轻自己的痛苦。

好在，痛苦可以转化为某种带来生命而非死亡的东西。这种情况，每天都在发生。在我这个年纪，我认识很多人，他们因为失去挚爱之人而痛苦。起初，他们陷入深深的悲痛之中，认为自己活着不再有价值。但后来，他们慢慢地苏醒，发现自己——正是因为失去——变得更加强大，更富同情心，内心更宽广、更能容纳他人的悲伤和欢乐。

这些人会悲痛，但他们的心只是破裂，而非破碎。因此，每天都要接纳生活的痛苦与欢乐，锻炼自己的内心。这种锻炼，会让你们的心变得柔软，因此，心伤之时——肯定会的——它不会裂成“手雷”碎片，而是破裂、容纳更多的爱。

最后，我想引用圣本笃的话：“每天都把死亡放在眼前。”这种做法，听上去有些病态，但我向你们保证它并不病态。如果你们能健康地意识到自己的死亡，你们的眼睛就会睁开，向着人生的光辉和壮丽睁开。这会唤醒我提及的和尚未提及的那些美德，如希望、慷慨和感恩。

没有自省的人生，不值得过；同样，没有活过的人生，也不值得自省。因此，我讲话的结尾，我要援引作家戴安娜·阿克曼的话。她提醒我们活着、真正地活着：

> 热爱生活，乃人生大事，要尽量活得多姿多彩，如一匹欢蹦乱跳的、纯真的马，充满好奇心，每天都飞奔在树木茂密的、阳光灿烂的山岗上。毫无风险的安全之地，其情感地带就会平坦而僵硬，纵然有着维度、山谷、顶峰和弯路，人生似乎也只是一种长度，毫无壮丽的景色。人生始于神秘，也终于神秘，但两者之间，有着多么自然而美丽的旷野。[10]

我要再次向2015届的同学们致敬。祝愿你们每一个人在神秘旅途中，都能拥有幸运、蒙受恩典。

11月22日

多年前的今日，风华正茂的总统被枪击。
他太年轻，却英年早逝；
我太年轻，不能坐视我的世界解体。
我悲伤，为我的损失、我们的损失，
然后开始重新编织——工作、生活、世界，
那时的我不明白：世界随时都在解体，
必须重新编织，一次，又一次。

你必须不停地将丝线收集：
意义、希望、使命、能量和意志，
还有织工所需的种种知识和技艺。
你必须不停地编织，
偶尔停下，只为修理损坏的织机，
编织温暖与光明的斗篷，抵御寒冷与黑暗，
为那些来到面前的需要者裹上斗篷——
受伤的世界、咫尺之人，还有自己。
如果够幸运，你会在沿途发现丝线，
它们将你破烂的人生重新编织，
这些丝线，用温暖和光明，

将我们系得很紧，

织工和织物都变得真实——

红色丝线是爱，请握紧它，

然后交给另一人，说：“你。”

——帕克·帕尔默

回归真实：从虚幻到现实

引　言

30多岁时，我尝试过“皈依信仰”。我在主流的新教传统中长大，也曾在大学、神学院和研究生院研习过宗教。从知识上讲，我不难接受基督教的某些重要教义，如恩典、宽恕、道成肉身、永生。我也不难拒绝基督教传统中某些自负的审判性部分，肯定科学对我们生活的重要作用。我一向认为，信仰和理性不是敌人，而是伙伴。

但我渴望的，是某种更深邃的、更真实的东西，而非满脑子的宗教观念，不管它们听上去多么合理。我渴望拥有真实的、不那么混乱的人生体验，充满真实的、与“信仰”格格不入的困惑与矛盾。至少以前，我是这么认为的。

一天，我听了一段磁带录音，是特拉普派修道士托马斯·默顿为克西马尼修道院满屋子的未来修道士们所做的讲话——他是该修道院初学修士的导师。默顿对自己指导的那些极为虔诚的追寻者说：“伙计们，你们得先有生活，然后才能有精神生活！”

多么深刻的话语——犹如修道士般的“重生”——彰显出我错误的观念：“皈依信仰”意味着必须跳出日常生活的泥沼，归于神圣的清澈与纯洁。默顿的话，给了我一记组合拳：“啊，他说得没错。我得先有生活。不，等等！我已经有生活了！它糟糕透顶。不过，我想他说的是，只有在生活中，我才能找到我的精神道路。”

精神之旅是一个永无止境的过程，是融入现实生活，消除关于自我、世界以及二者之间关系的虚幻观念，然后走进真实。这个过程，始于扔掉这种虚幻观念：精神生活可以让我“上升”，远离日常纷争。现实可能是艰难的，但生活在现实中，远比生活在虚幻中更安全；虚幻随时都会挫败我们，这一点的真实性，莫过于衰老的体验。毕竟，死亡会终结所有的虚幻——那为何不在死亡终结虚幻之前，尽我们所能地扔掉那些虚幻观念？这样，我们死亡之时，就不会那么失望或绝望。

本章第一篇随笔《灾难驱动的默观者》，是我的一篇忏悔文。我非常羡慕那些灵修者，他们在迷失之前就能察觉到虚幻，而我似乎必须先迷路，然后才能找到归途。我的默观，通常是在灾难之后，而非在灾难之前。

《友谊、爱与救赎》是关于我和托马斯·默顿之间的长久联系；长期以来，他一直是我最重要的心灵之友和精神向导。我对默顿毫无所知，直到他去世那年。我们所有的“会面”，都发生于书页之间，或发生在我理解他的文字或某种精神的瞬间。但我能感觉到他近在咫尺，一如与我当面交谈的那些伙伴。

《向下是通往健康的道路》这篇随笔，更深入地讨论了这个观念：精神生活无关于“向上、向上、远离”日常生活的泥沼，而同扎根于“我们的真实生活”密切相关，不管真实生活是多么地泥泞。

《冬季森林隐修周日记》收录的是我有一年隐修期间所写的简短日记；每年1月，我都会去林中隐修。要让一个人回归真实、直面死亡，莫过于让他去危及生命的、零摄氏度以下气温中的威斯康星州待上一天。

《温暖之家》是我写的一首小诗，描写的是我漫步于冰冻森林的时刻——那一刻，我突破了“不配待在世上”这一可怕的虚幻感觉，回归了真实的自我。这种真实，我们在死亡之前都应该知晓。

灾难驱动的默观者

我第一次感觉被默观吸引，是在我大约30岁的时候。阅读特拉普派修道士托马斯·默顿的著作，给了我启发，于是，我有了加入修道士团体的愿景。我觉得，默顿在此度过半生的克西马尼修道院就是我要去的地方。相比于华盛顿特区——在这里，我缠身于让人抓狂的社区组织工作——克西马尼修道院坐落于肯塔基州森林茂密的群山之中，那里的生活，简直就是人间仙境。

可惜，我和修道士之间存在着几大障碍。我已婚，是三个孩子的父亲；我得工作挣钱养家；我在很大程度上是公谊会教徒而非天主教教徒。很显然，我的修道士生活“愿景”成了幻想。我没有申请成为克西马尼修道院的初学修士；相反，我订购了该修道院的一种著名的、浸泡于肯塔基州波旁威士忌陈酿中的水果蛋糕。

有了水果蛋糕的加持，我开始寻求方法，在俗世的喧哗中过上默观者的生活。接下来的数年时间，我阅读书籍、探寻贯穿于世界上所有智慧传统的神秘脉络；我参加有人辅导的隐修会，尝试过几种常见的默观练习。然而，除了公谊会的礼拜活动，我再也没有发现有哪种练习可以和我的性情、宗教倾向和生活状况相容。

需要是发明之母。我突然明白：默观并不取决于某种特定的练习。所有的默观方式，都有着共同的目标：帮助我们洞察自我和世界的假象，让我们听见内心和周围的、霍华德·瑟曼所说的“真实的声音”[1]。默观无须被定义为某些练习方式，如冥想、瑜伽、太极或圣言诵祷。相反，默观应该由其功能定义：一个人洞察虚幻、触摸现实的所有方式，都是默观。

这个定义让我大开眼界，经由无数种方式，我都可以过上默观者的生活——只要我坚持将体验化为洞见。例如，直面失败，有助于蒸发那些妨碍我看清现实的种种虚幻。获得某种成功之时，我不是花时间去思考能从中学到什么。相反，我沾沾自喜于自己是何等聪明，继而强化了我最喜欢的虚幻感觉：我很聪明。

然而，当失败刺破我的自我“气球”时，我会花很长时间去思考错误所在，往往会学到（或重新领悟到）我内心的“错误”。失败给了我机会，去触及关于自我、关于我与这个世界之关系的残酷现实；而沉浸于成功的光环及其孕育的虚幻，我就会逃避这些现实。在众多的默观方式中，失败也是其中之一。

生活充满挑战，让我们变成默观者的挑战。几年前，我见到莫琳，她是一位单身母亲，有一个名叫丽贝卡的女儿，丽贝卡患有严重的发育缺陷，生活几乎无法自理。莫琳必须负担两个人的生活，因而既没有时间也没有精力去隐修或参加正式的灵修练习。然而，莫琳却是一位世界级的默观者。

莫琳深爱着丽贝卡——依照传统的标准，丽贝卡永远不会“成功”“有用”“漂亮”——在这种深爱中，莫琳洞察了我们文化对人的价值所持的所有残酷的虚幻观念。她触摸到现实：丽贝卡拥有深刻的自我价值，同所有人一样，也是降临地球的宝贵生命，也是上帝珍爱的孩子。

在莫琳面前，你会感觉自己进入了恩典的默观循环。一个人看重你的价值，不是因为你做什么，而是因为你是谁；和这样的人在一起，你根本不需要装模作样或戴上面具。你会体验到解脱，因为做无须设防、无须掩饰的自己而带来的解脱。

即使是最具灾难性的经历，也可以成为默观的入口。至少，我在抑郁之后，就是如此。抑郁袭来，真实就会消逝。一切皆成虚幻，那个毁灭自我的“抑郁声音”强加于你的虚幻。那个声音不断地告诉你：你是一个多余的人，世界是一个酷刑室，只有死亡，才能给你安宁。但是，随着你摆脱抑郁，问题重新变得可控，真实的日常——地平线上的红色朝阳、朋友的爱、陌生人的友善、又活一天的宝贵生命——如真实的珍宝般展现在你的面前。

如果默观是洞察虚幻、触摸现实，那有人告诉我们“幻灭”的经历时，我们为何会产生共情？我们会说：“唉，我很难过。让我安慰安慰你吧。”当然，我们最好是说：“祝贺你！你又丢掉了一个幻想，朝着坚实的现实根基又迈进了一步。让我帮助你彻底幻灭吧。”

我羡慕一些人，他们拥有一切条件，能够日复一日地练习传统的默观方式——这些练习，帮助他们穿越虚幻的镜中迷雾，看清真实的自我和世界。我称这些人为“意图驱动的默观者”。我认识一些人，他们似乎能够预见灾难。而我，没有荣幸成为这样的人。

我是一个“灾难驱动的默观者”。我的警钟敲响，通常是在灾难发生之后，然后再想办法从废墟中挖掘出路。我不建议主动选择这条道路。但是，亲爱的读者，如果你的情况与我的相似，那我来带给你一个喜讯。灾难也可以成为默观的道路，尽管它会带来颠簸和危险。

我仍然行走在这条道路上，每天，我都保持警醒，留意幻灭之后显露出的我需要知晓的真实的自我和世界。生活肯定随时都会带给我默观的东西——谁知道今天会是什么呢？也许是让我想起过往悔恨的某个物品，也许是对自认为做得很好的某件事情的批评，也许是让我感觉我的国家已失去灵魂的某次政治暴行。

不管是什么，我都会努力默观，直到尽头显露出充满希望的真实。悔恨可以化为好事。批评可以让我们重新聚焦于工作或强化我们的决心。我们以为灵魂对这个世界不再重要，此刻，就是我们一定要向某个人、在某个地方展现我们的灵魂的时刻。这些就是我作为一个“灾难驱动的默观者”所获得的一些成果。

还有，永远不要忘记：吃几块浸泡在波旁威士忌中的特拉普派水果蛋糕，有助于坚持默观。

友谊、爱与救赎

我和你们站在一起，给你们带来一些充满希望的消息。首先，总有一些人勇敢地立于社会的边缘，不依赖于社会的接纳，不固守于社会的常规，更喜欢生活在风险之中、自由地漂浮。这些人，如果忠实于自己的使命、忠实于自己的事业、忠实于上帝的信息，那就可能拥有最深层次的交流。这种最深层次的交流，不是简单的交流，而是交融。它不需要文字。它超越文字，超越话语，超越概念。

——托马斯·默顿[2]

托马斯·默顿去世一年后，我才结识他。我结识他，是通过他的著作和"超越文字"的思想交融，是久别重逢的好友亲密无间的交谈。过去的40年里，如果没有默顿给予我的友谊和希望，我不知道自己是否还能够忠实于我的使命，尽管我做得并不够完美。

我踏上默顿所说的"社会的边缘"的使命道路——至少是在我所知世界的边缘——开始于1969年，这一年，我在加利福尼亚大学伯克利分校完成了博士学位的攻读。随着20世纪60年代的展开，引领我进入研究生院的学术使命的声音变得越来越微弱，微弱得无法听见。越南战争、一系列的暗杀事件、种族暴动以及美国几大城市的“烈火将燃”——这一切，都让我听见内心有个声音，不停地说：“你的使命在社区，不在课堂。”

我手里拿着博士学位证书，但我拒绝了好几个做教授的机会，于1969年7月同妻子和孩子们搬到了华盛顿特区，开始了社区组织者的工作。我的做法，没人能理解，它简直是专业自杀。事实上，我对自己也无法解释，只能说，这是我“不能不做的”事情，即便没有确切的成功把握。

作为社区组织者，我没有受过任何培训，也没有任何经验；许多工作的经费，都得依靠捐款，而我没有任何募捐经验。我是理想主义者，脸皮薄、年纪轻，性格也不适合做艰巨的社区组织工作。我没有选择安稳的、有固定薪水的职位（在当时，那些职位就是如此）；我越过悬崖边缘，开始“生活在风险之中、自由地漂浮”。如果有同伴，你会感到欣慰和受到鼓舞，但要找到愿意陪你越过悬崖的同伴，这几乎是不可能的。

结识默顿

搬到华盛顿特区5个月后——我那种“自由落体”的兴奋感消失了，取而代之的，是意料之中的瘀青、伤口和骨折——有一天，我走进杜邦圈附近的一家旧书店。一位朋友之前推荐我阅读托马斯·曼的小说《魔山》。但书架上没有这部小说，它的位置上是一本我一无所知的书：托马斯·默顿的《七重山》[3]。我还记得，当时我心想："这本书也是写山的，作者姓氏的第一个字母也是'M'。应该差不多吧。"于是，我买下了它。

那是1969年11月初的一天。不久之后，我得知，默顿已于一年前去世。但我读着他的这部自传作品，感觉他还活着站在我面前；数百万与他从未谋面的读者，都会有这种感觉。我感觉自己不只是发现了一位值得阅读的新作家；相反，我感觉自己结识了一位志趣相投的、了解我甚于自己的朋友，一位可以陪伴我走过我所选择的这条陌生道路的旅伴。或许，是这条道路选择了我？

我渴望更多地了解这位新朋友，于是，我打算阅读他的所有著作。正如默顿的信徒们所知的，这将是一项终生的工程。他出版的作品超过70部，这还只是他在世时出版的作品数量——我没有统计过他去世后又有多少遗作出版。我相信，他的遗作出版量，是已知的第一个"先发臭、再发表"的事例。

阅读默顿的著作几年后，我读到他与马西尼翁的一封通信。这位法国学者，第一次向西方读者介绍了9世纪穆斯林神秘主义者哈拉智的生平与著作。马西尼翁觉得，他与哈拉智的关系，与其说是学者与研究对象的关系，不如说是"友谊、爱与救赎"的关系[4]。他的意思，不是他将默默无闻的哈拉智从历史中拯救出来，而是这位穆斯林神秘主义者穿越时空救赎了他。

这正是我一遍遍阅读《七重山》时默顿带给我的感受。50年后的今天，我仍在阅读他的著作，依然能从中找到友谊、爱与救赎——这些都是作为带来希望的信使的人所必备的要素。传递希望，与告诫或喝彩毫无关系。它关乎的是关系：尊重灵魂、激励心灵、振奋精神、催人奋进以及愈合一路所受的创伤。

近半个世纪以来，默顿都在照亮我的道路、伴我前行，给予我充满活力的方式，让我看见自己曾经的位置、现在的位置以及未来去向何方。下面这四点，就是我对这些方式的一点儿反思。

寻找真我

首先，是默顿对“真我”与“假我”所做的关键区分，它让我明白自己为何离开学术园地、走向未知领域。任何有理智的人，都不会将我当初的事业决定称为“明智的职业规划”。透过默顿的眼睛再看看这些决定，我渐渐明白：它们是我终生努力回应“真我命令”的第一步，那个不断对我说的内心声音：“你不能不做这个。”

我在卫理公会的氛围中长大，我珍视传统给予我的馈赠。但我的宗教之旅——包括我在大学期间的研习，在纽约联合神学院学习一年、拥有宗教社会学博士学位，也是几个主流的新教教派的活跃成员——都没有将我引入默顿畅游的、书中所写的那种默观的灵修溪流。

默顿的“寻找真我”的观念，最终引领我找到了公谊会教义，其核心信仰是：“每个人心中都有上帝。”寻找真我与寻找上帝，两者虽有区别，却无差异，不但拯救了我的精神生活，而且引领我进入更深层次的精神生活。

默顿说得很精彩："我们大都过着自我非人格化的人生。"[5]人若在临死之时，惊觉自己来到世上却从未展现上帝赋予的自我，我想不出还有什么死法比这更为悲哀。就算默顿未曾给予我别的东西，但他激励我过上真我的人生，仅凭这一点，我们之间的关系，就足以称得上是"友谊、爱与救赎"。

悖论的应许

悖论观念，是默顿的精神生活和知识生活的核心，它不仅是一个哲学概念，也是一个人生真理。我的人生充满诸多明显的矛盾，因此，在默顿的所有著作中，让我在精神上最接近他的，莫过于他在《约拿的标记》一书中所写的那句引言："我发现，我在悖论的鱼腹中走向宿命。"[6]因此，我的第一本书取名为"悖论的应许"并专门写了一篇关于默顿的导论随笔，这绝非偶然。

默顿教会我：看待人生，不但要用"非此即彼"（either-or）的逻辑透镜，也要用"彼此相容"（both-and）的悖论透镜，这是非常重要的。正如诺贝尔物理学奖获得者、物理学家尼尔斯·玻尔所言："正确陈述的反面，是错误陈述；但深奥真理的反面，也许是另一个深奥真理。"[7]悖论思维是创造性的关键所在，它取决于容纳矛盾的观点、敞开大脑和心灵迎接新事物的能力。悖论生活是个人整全性的关键所在，它取决于接纳自我矛盾的能力。

对我而言，用悖论重塑人生，这种方式挽救了我。它让我明白：三次灾难性的黑暗经历——我的这些经历，与鲸鱼腹内的约拿的经历一样黑暗——并没有否定同属我的一部分的光明。我陷入黑暗、无视光明的时候，一遍遍地问这个问题："上帝啊，我的上帝，你为何抛弃了我？"作为回应，默顿对悖论的切身理解拯救了我：要拥有整全性，我就必须能够说，我既是光明，也是阴暗。

悖论思维也能拯救我们远离那些变形而狭隘的信仰版本，它们长期困扰着基督教，本质上是偶像崇拜，将神学的抽象观念拔高至超过上帝的高度。对此，默顿——他对道教、禅宗和苏菲派的教义有着深邃的理解——曾说过极为猛烈而有力的话；如果当真，整个基督教世界都将被改变：

> 十字架是矛盾的标记——正在摧毁法律、帝国、军队等层面的严肃性。但魔法师们为了自身目的不停地转动十字架。没错，对他们而言，十字架也是矛盾的标记：那位宗教魔法师让十字架与上帝的怜悯相矛盾，这是亵渎神明的可怕行为！这种怜悯当然是基督教的终极诱惑！但基督锁上所有大门，给了一个答案，安排好一切就离开了，将所有的生命都圈禁在一个一致得可怕的体系中，体系之外是郑重其事与罚入地狱，体系之内是得救者让人难以接受的轻率言行——没有为上帝怜悯的自

由留出任何空间，而只有这种自由才真正应该郑重其事、才值得认真对待。[8]

灵修社群的召唤

随着1948年《七重山》的出版，克西马尼修道院里年轻人蜂拥而至，他们渴望加入默顿的隐修生活。这个“派对”，我迟到了20年，默顿也永远离开了我们，但我有着他们同样的渴望。然而，如我所言，要成为修道士，我有一些麻烦，包括家庭和公谊会信仰倾向。要想整天都生活在灵修社群中，我只得独辟蹊径。

1974年，我辞去了华盛顿特区的社区组织工作，举家搬到了费城附近的“彭德尔山”，这是一个生活与研习相结合的公谊会社群。随后的11年里，我和大约70人生活在这个灵修社群中，每日例行地一起做礼拜、研习、工作、社会拓展和餐会。在这里，我能最接近想象中的默顿的隐修生活。在我看来，修道院是一个“独处的社群”，是一种“群体性孤独”的方式，是一群人可以更完满地践行里尔克所定义的爱的生活方式：“两个（或更多）独处的人彼此毗邻、保护和致敬。”[9]

“彭德尔山”的10多年的生活，从诸多方面加深和强化了我的使命感，在此，我不想展开谈论；这个问题，我将在本书的其他地方加以探讨。[10]可以说，在公谊会的传统中，我找到了灵修之旅与关注社会相结合的方法；后来，这促使我创建了“勇气与更新中心”这个国际性非盈利组织，它的使命是：帮助各界人士“重塑灵魂与角色。”[11]我在“彭德尔山”的经历，也让我离“社会的边缘”更近一步。自1985年离开这个社群后，我主要的谋生手段，是从事作家、教师和活动家等独立性工作。

我在“社会的边缘”工作的勇气减弱时，默顿生前的最后一次讲话让我重新鼓足了勇气。在曼谷的一次国际会议上，他讲完下面这段话几个小时后就与世长辞。他援引一位流亡的宗教人士的话，对那些僧侣建议说：“从现在起，你们每个人都要靠自己站立。”[12]

在这样一个重要的社会机构——政治机构、经济机构和宗教机构——都发生严重的功能失调的历史时期，默顿的讲话在我看来是言之有理的：

> 我们不能再依靠结构的支撑——政治权力或政治力量随时都可能摧毁这些结构。你不能依赖于结构。结构本身是好的，本来是可以帮助我们的，我们也应该尽量利用它们。但结构会被拆解，一旦所有的东西都被拆掉，接下来你怎么办？[13]

破碎世界里的“内在整全”

尼日利亚小说家钦努阿·阿契贝提醒我们：“万物瓦解。”[14]

但默顿在其最富诗意的一篇沉思录《圣索非亚教堂》（“Hagia Sophia”）中指出，心灵之眼可以看见万物破碎表面之下的“内在整全”——不管是破碎的政治体制、破碎的关系，还是破碎的心：

> 一切可见之物，都有着不可见的丰盈、微弱的亮光、谦恭的无名、内在的整全。这个神秘的统一和整体，就是神的智慧，它是万物之母、“能动的自然”。[15]

这段话也是我的希望之源。一旦拥有看见整全性的眼睛，随时都可以发现潜藏在万物破碎表面之下的整全。这不只是一个给人抚慰的观念。它也是一种洞悉，如果我们能看见，就可以塑造佛教徒所说的“正业”（right action）。

我来举例说明我的意思。20世纪70年代初——当时，我正在研读默顿的著作，学会了一些组织方法，为一个急剧变化的街区促进种族公正——我开始明白：我的工作，不是想办法强迫人们去做他们不想做的事情，比如抗议歧视、唆使业主贱卖房屋等欺诈性地产经营行为。相反，我需要给他们理由和许可，让他们去做他们真正想做但因为胆怯或害怕而无法凭自己的力量做到的事情——那些关乎公正的事情。

例如，我所居住和工作的那个街区的居民来到此处，就是因为引发“白人逃离”的恐惧而逃离“外人”。但在内心深处，他们逐渐明白：他们再也无处可逃，无处逃避人类社会的多样性，而接纳这种多样性，将带给他们安宁和丰盈的人生。

我知道，要阻止那些通过操控恐惧而牟利的地产经营行为，第一步很简单：为老居民和新来者创造经常见面的机会，让他们明白，“他者”的到来是好事，不是威胁。但我和我的同事们没有让居民去做不可能做到的事情——比如，“敲开陌生人的家门，结识开门的人”——相反，我们开始创造自然交流的活动和机会：入户调查、街区派对、聚餐以及我们所称的“客厅交谈”计划，等等。

我们对“他者”总是感到紧张，在这种紧张的氛围中，我们帮助人们表达内心深处的、人类灵魂渴望生活于“接触”之中的向往。这种做法取得了成效。随着时间的推移，经过我们和其他许多人的共同努力，一个原本会四分五裂的社区变得多样化从而更加完整。

当然，事情不会总是顺利。历史上有很多充满希望的愿景，最终都成了失败悲剧；愿景越远大，无法实现的可能性就越大。但即便是在这一点上，默顿也为我们带来希望的话语，当然是悖论的话语：

> 不要寄希望于结果……你也许不得不面对这一事实：你的工作没有明显价值，甚至毫无结果，或者与你期望的结果相反。习惯了这一点，你愈加关注的，就不是工作的结果，而是工作本身的价值、公正和真理。[16]

只要我们执着于结果，我们承担的任务就会越来越小，因为只有这样的任务才会产生结果。如果我们想要践行爱、真理、公正等价值观——永远不会完全实现的价值观——“忠实”就应该是唯一的标准。临死之时，我就不会问及底线问题。我会问是否忠实于自己的天赋、忠实于我在周围所看见的需要、忠实于想办法运用自己的天赋去满足那些需要——也就是说，忠实于尽我所能地为这个世界奉献我最美好的东西：价值、公正和真理。

对于默顿，我的好友、旅伴和带来希望的信使，我深表感激，感激他帮助我明白上面这一点——感激他为我灌输这样的信念：即使我有着诸多的瑕疵，我也能够这样生活。

向下是通往健康的道路

40多岁时，我抑郁发作、挣扎求生。我的治疗师告诉我：“你似乎把自己的情况看成是敌人之手在拼命压碎你。你干吗不把它看成是朋友之手在把你压向地面，因为脚踏实地更安全？”

我的第一个念头是：“我需要换一位治疗师。”你抑郁的时候，如果有人建议你把吞噬灵魂的、撕咬你的撒旦之子当成是最好的朋友，那他就是在侮辱你，肯定是疯了。然而，随着时间的推移，抑郁是友好力量这个想法开始对我起作用，慢慢地重塑着我的痛苦，帮助我恢复了心理健康。我心里清楚，我的治疗师说得没错：向下是通往健康的道路。

在我生命的前40年，驱动我的观念是：“向上、向上、远离”才是我前进的正确方向。我拼命地提升高度，因为……因为高处比低处更好，对吗？错了。活在高处是危险的。跌落时——我们经常会跌落——我们的跌落距离更长，可能因此而丧命。然而，脚踏实地地生活——基于我们的真实本性以及我们与世界之间正确关系的生活——就算失足跌倒，我们也可以重新站起来，掸掉灰尘，然后继续前行，不会受到太大的伤害。

我过去活在高处，是因为我错误地运用了人的四大能力；如果使用得当，它们可以为我们服务：

●智力。作为一个学者，我所接受的训练，不只是我看重的思考能力，还包括主要用大脑生活的能力，而大脑是距离地面最远的身体部位。学会发自内心地思考——将我学到的知识和我知道的经验结合起来——并不是训练的内容。[17]

●自我。我们都需要自我的力量——独立生存和发展的自我意识。但过去的我一直漂浮在膨胀的自我之上——这种自我让我不健康地、更多地想到自己，以掩盖我神经质般的恐惧，恐惧自己没有成为本来应该成为的样子。

●信仰。渴望接触信仰，可以极大地提升我们的体验。但我曾经接纳的信仰，更多的是远离生活的混乱，而非脚踏实地地融入其中。我从小接触的基督教传统——以道成肉身为核心的信仰——怎么会变得如此脱离肉体?

●道德。我曾努力奉行一种遥不可及的道德规范——由他人眼中我应该是谁、应该做什么而界定的道德规范。我需要的，是诚实地洞察什么是真实的、可能的、赋予我活力的，洞察破碎而整全的真实自我。

长期以来，这些外在的“应该”一直是我生活中的驱动力量。如果我没有达成那些期望——看看我们谈论美好生活时，会多么频繁地、不知不觉地提及“向上”——我就会判定自己是弱者、不可信赖的人。我被困在那个道德发展的阶段：一个人的志向有多高，其壮志未酬的悔恨程度就会有多高。我告诉你，“美好”生活的配方是：瞄得高、击中低、感觉自己很差劲。

我以前碰到任何问题、从事任何工作，从未停下来问过自己："这个符合我的真实自我吗？"或者，"这个真的是我的天赋和使命吗？"我所过的生活，在很多重要方面都不是我想要的生活，因而注定会失败。没错，抑郁是朋友之手在把我压向地面，因为脚踏实地更安全——要立足于真实的自我，局限与潜能、负债与资产、黑暗与光明混杂的自我。

最终，我开拓的看待抑郁的新方式，帮助我明白：抑郁可以有"友好"的意图——我未能"倾听我的生活"，因而陷入痛苦不堪的境地。想想：这么多年来，有位朋友一直跟在我身后，呼唤我的名字，拼命引起我的注意力，因为他想告诉我一些关于我的真话，难听但有疗愈作用的真话。但我——害怕听见真话，或自负地认为没什么可学的——忽略他的呼唤，继续埋头前行。

我的这位朋友离我更近了，更大声地呼唤着我的名字，但我依然埋头前行，拒绝转身。他离我越来越近，现在开始高声喊叫我的名字。我没有回应，让他感到沮丧。于是，他开始向我扔石头，用棍子抽打我，依然只是想引起我的注意力。然而，我虽然感到疼痛，但依然埋头前行。

呼唤、叫喊、石头和棍子都未能引起我的注意力，于是，我的这位朋友只能做一件事情：用抑郁的"巨石"砸向我。他这样做，不是想杀死我，而是在做最后的努力，让我转过身去，问一个简单的问题："你想怎么样？"

终于，我转过身去——开始聆听他一直想要告诉我的自我认知并照此行动——于是，我在通往健康的道路上迈出了第一步。

这位朋友的名字，就是托马斯·默顿所称的“真我”。它不是用逻辑性的，但远离真实的观念让我们悬停于生活的混乱之上的智力自我；不是让我们膨胀的自我；不是径直飞向天堂的信仰自我；不是依照他人的“应该”而生活的道德自我。

真我，是让我们到达地面的自我，是让我们成为生而成为的那个人的自我。真我告诉我们：我们是谁；我们扎根于生活生态系统的什么地方；我们的“正业”是什么；我们如何才能更完满地成长、发挥自己的潜能。

哈西德派有一个古老的故事提醒我们：我们的使命，是活成真我的模样，而不是活成他人的模样：

> 犹太拉比苏斯亚在临死之前说：“在我即将去往的那个世界，他们不会问我，‘你为什么不是摩西？’他们会问我，‘你为什么不是苏斯亚？’”[18]

要随时提醒自己：脚踏实地、转身、询问、聆听。真我是真正的朋友——忽视这种友谊，就会风险自担。还要记住：朋友不会让朋友活在高处。

冬季森林隐修周日记

1月11日 星期一

下午3点左右，我到达我租住的小屋，它坐落在威斯康星州的一个白雪覆盖的乡村。走进屋内，生好火，从车上取出行李；气温低于零摄氏度，寒风刺骨，我不得不加快速度。屋外，是白茫茫的大地和黑色的森林。屋内，只有我一个人。还有足够的衣物、食物和书——维持我的身体和灵魂在这个独处、静修的星期里的需求。

昨天，我收拾行李时，一位朋友问我是否喜欢独处。我说："这要看谁会出现。有时候，我是自己最好的朋友；有时候，我是自己最大的敌人。我要看看，谁会出现在那间小屋里。"

现在是晚上9点，再过一小时，才是公谊会教徒的子夜，但不管怎样，我要上床睡觉。我很困倦，内心很宁静。我一直凝视的那团炉火，似乎驱散了心头挥之不去的那些烦忧。

1月12日 星期二

凌晨5点，我醒来，无法入睡，又在黑暗中躺了一小时，望着我的一些黑暗情感如凤凰涅槃般从夜晚灰烬中升起，拍打着翅膀，想引起我的注意力。“欢迎和招待每一位客人！”鲁米在其诗歌《客栈》中写道：“无论客人是谁，都要心怀感激/因为每位客人/都是上苍派来的向导。”[19]

我想，我需要和这位“上苍”聊聊。他似乎并不知道，我来这里，是为了得到某种宁静。

现在，几小时后，我又感受到了那种宁静。它来自我的早餐：熏肉、鸡蛋和烤面包片。这些食物，我同时做好，尽管我是认证过的笨厨师。我的宁静也来自我望向窗外所看到的情景，茫茫雪原，在朝阳中银光耀眼，镶嵌着黑色的树木和刺破积雪的麦茬儿，分外美丽。

鲁米诗歌中的“上苍”是正确的：宁静来自接纳黑暗与光明的互动，美味的早餐也不会有什么害处。吃过早餐，我开始阅读《和默顿相伴365天》这部每日沉思录的“1月12日”的部分：

> 我的内心似乎更加宁静……当我没有“努力默观”或努力成为某个特别之人，而只是将我的生活完全而彻底地转向我这

样的人在这样的时刻需要做的那些事情的时候。[20]

多么简单的真理，却很容易让人迷失于A型人格者的争强好胜里。这个清晨，我需要做的，只是做早餐，尽管我显而易见地不擅长烹饪。需要做什么、能做什么，尽管去做，不管它是多么平常，也不管我是否能做好。

今天下午，我需要做的，是徒步，尽管外面气温零下6摄氏度，寒风刺骨。我不是欧内斯特·沙克尔顿，但我长期居住在美国中西部的北部地区，因而早就知道：冬季会让你发疯，直到你走到户外——我所说的“冬季”，既指本意，也是隐喻。

加缪说过：“在寒冬里，我终于明白，我的内心有一个不可战胜的夏季。”[21]在徒步中，我没有发现夏季。但明媚的阳光照耀着冰冻的原野，也温暖着我的脸庞。深蓝色的天空，一只鹰“在空中懒洋洋地盘旋”，一如我在7月见到的鹰。对于1月的威斯康星州，这足以让我靠近夏季。

1月13日 星期三

昨晚，我睡得不好，我知道是为什么。睡觉前一小时，我一边阅读关于灵修的书，一边吃糖果，吃了整整一盒。这本书有几个观点还不错，但写得并不好，为了坚持读下去，我不停地吃糖果，把它们当作“兴奋剂”。这是我的错，而且清楚地证明，我需要某种节制。

现在，我感觉好多了，因为我做的燕麦早餐——第二次做——正在发挥疗愈作用。此时它是纯粹的慰藉性食物。第一次做的时候，我弄错了燕麦和水的比例，而且煮的时间过长。平底锅看上去就像是金属和谷物融合的先锋派雕塑：“机器时代的农业文化”。这同样是我的错，并再次清楚地证明了我笨拙的厨艺。

我想，我今天的主题是“独处时搞砸的事情”。独处时，我的错误让我咧嘴而笑。如果我当众犯下这些错误，我会感到羞愧或恼怒。没有人在场，我更容易接纳自己。

道教宗师庄子讲过一个故事：一个人驾船渡河，突然被一艘空船撞上。这个人并没有恼怒；如果他发现那艘船上有人，肯定会破口大骂。于是，庄子云：“虚己以游世。”[22]

独处时，我可以清空我船上的人。如果有他人陪伴，我还能做到吗？也许吧：

> 独处并一定意味着离群索居；相反，独处意味着绝不远离自我而居。独处不是他人不在场——而是自我完全在场，不管身边是否有他人。[23]

这段话，引自我写的一本书，因此，也许我应该试一试。

1月14日 星期四

深夜两点，我醒来，发现自己为过去的77年中所做的某些错事而感到懊悔。真希望当时的我能更友善、更勇敢、更少地以自我为中心，而我做对的事情，却很难想起。

深夜两点的大脑往往是错乱的，想到这一点，我挨到四点就起了床，穿好衣服，煮了咖啡，然后在寒冷而漆黑的屋外站了一会儿，看见东南方的天空中金星闪烁。那是爱神之星：望着它，我感觉好多了。

接着，我阅读《和默顿相伴365天》的“1月14日”的部分。我这位老朋友在反思自己对错交织的人生，又说了一句我需要仔细聆听的话，“我的人生充满矛盾：意识到它是上帝的怜悯，接纳它是爱，帮助他人也这样做，是慈悲。”[24]

默顿继续写道，生活中的矛盾是创造为的引擎。他说得没错。如果我们的一切都是正确的或错误的，那就不会有“神圣的不满足感”，也不会相信成长的可能性。我们有做错的事情，因而才会追求“更好”。我们有做对的事情，因而才会相信“更好”有时触手可及。

随时提醒自己：深夜两点的大脑是错乱的。走到屋外，让大脑透透气。在所有正确的地方寻找爱。（金星是一个不错的开始）。

如果这些都失败，那我就煮咖啡。

现在，我要打个盹儿。

1月15日 星期五

今天早上，不知为什么，我醒来时咧嘴而笑，这是鲁米诗歌中所说的又一位“客人”，是“上苍派来的向导”。但这次前来的这位客人，令人感到愉悦和轻松，让人开怀大笑。

我的大多数英雄，都是开怀大笑的常客。我马上想到了我的祖父。他确凿地证明了威廉·詹姆斯的观点：“常识和幽默感是一回事儿，只是运动速度不同。”[25]

我还记得，我14岁时，他教我开车，在艾奥瓦州的一条偏僻的乡村道路上，我做出了一个愚蠢而危险的举动，没有在停车标志前停车。我把车停在了极易引发交通事故的十字路口中央，令我们全身颤抖。祖父沉默了一会儿，沉默得让人感到害怕。然后，他简短地说道：“早知道你会这样做，我想我是不会让你开车的。”对于我这死里逃生的危险举动，他没有再说一个字；此后的63年里，我从未发生过交通事故。

默顿拥有人尽皆知的幽默感，这种品质，在修道士中并不少见。在收录他早年隐修日记、令人深为触动的《约拿的标记》一书中，有一句话总是让我发笑：“我有一个虔诚的想法，但我不会写下来。”[26]

我喜欢印度史诗《罗摩衍那》中的一段话，奥布里·梅南是这样说的：

> 有三件事情是真实的：上帝、人类的愚蠢和大笑。前两件事情，我们无法理解，因此，我们必须做能做的第三件事情。[27]

我敢说，这三件事情，我今天都有经历。第一件，只要让心敞开，上帝随时都在。第二件是肯定的，因为我无论去哪里，总有愚蠢相随。至于第三件，也没有问题，因为嘲笑自己，可以轻易打发好几个小时。

1月16日 星期六

今天，我阅读《和默顿相伴365天》那部分的第一句话是：“你可以让自己的生活变成想要的样子”，只要你不“强求虚幻的需要”。[28]我认为，我无法完全让自己的生活变成想要的样子。但如果我不再对自己提出那些扭曲真实自我、扭曲自己真正使命的需求，那么这是有帮助的。

经过5天的独处、静修，我注意到，我刚到这里挥之不去的那些需求，许多都已经减弱或消失。这个星期，我几乎没有做什么来满足这些需求，因此，教训似乎很明显：它们大都是不安内心的创造物。既然我的内心已经平静，它的专横力量就已削弱，因而我感到更加宁静。

我想起我作为商人的父亲给我讲过的一个故事：他是如何应对压力的。他的办公室里有一张台式书桌，书桌的右手边有5个抽屉。他会把前一天的信件从最底下的抽屉移至上一个抽屉，然后把当天的信件放入最底下的抽屉，以此类推。只有信件被移至最上面的抽屉时，他才会打开阅读。他说，到那个时候，人们信中提及的那些问题，一半已经自行解决，剩余的那一半问题，已不会像他收到信件就阅读时那样让人生畏了。

这个故事是不是真实的？我不确定——我的父亲喜欢讲充满道德寓意的故事。但正如“黑麋鹿”布莱克·埃尔克在讲教化故事时对其部落孩童所说的：“故事是否真的发生，我不知道。但如果你仔细想想，就会明白它是真实的。”[29]

当然，在我父亲的那个年代，电子邮件这个“诅咒”还没有出现。不过，他讲的故事为我指明了道路：建5个电子邮件文件夹，把它们用作我父亲所用的书桌抽屉。我想，在某些方面，你是可以让你的生活变成想要的样子的。

1月17日 星期日

今天是我隐修周的最后一天，我仍然在思考《和默顿相伴365天》中“1月13日”部分的第一句话：“在这里，在我隐修的这个柴房，我得做一件事情……那就是，准备死亡。但要温和地准备死亡。”[30]

多么巨大的飞跃——从死亡到温和。较之于迪伦·托马斯的著名忠告“怒斥、怒斥那光明的消亡”[31]，这是多么地不同。35岁时，我也许应该怒斥。但现在的我已经77岁，我要聆听的，不是迪伦·托马斯，而是托马斯·默顿。

死亡的前景——被冬季的寒冷与黑暗、独处、孤寂与衰老所强化——让我明白：我要温和地对待人生诸多的新旧表达，它们必须“小心轻放”才能幸存、成长，这也包括我在内。

当然，有时候，这也意味着我要激烈地对抗周围和内心的温和的敌人。如果这是一种矛盾，那就顺其自然吧。我想，托马斯·默顿也会赞同的。

温暖之家

陌生的森林，风雪肆虐，我孤身一人
艰难地行进，只为在零摄氏度的气温中暖身。
我在山丘上停下脚步、喘口气，
夕阳西下，穿过光秃秃的树干，
照耀着我的脸庞，炽烈、充满生机。

现在，我呼吸顺畅，与大地同呼吸，
我突然感到被接纳——感到脚踏实地，
强壮、根深，和一棵大树一样——
而时间，以及所有烦扰，全都消失。
（不知何时）我沿着小路，继续行进，
发现我旧日的那些重负回归，
我再次驻足，对它们说“不行”——
“此时、此地、永远都不行”——
重归森林给我的，温暖之家。

——帕克·帕尔默

工作与事业：书写人生

引　言

13岁时，我就开始做“园林设计师”的工作。在那三个漫长而炎热的夏季，我修剪草坪。但我一步步地向上走，先后做过球童、公共海滩房屋维护人、研究助理、社区组织者、咨询顾问、教授、院长、作家、公益组织创建者、研习班和隐修营建导者。然而，提起我赖以谋生的那些工作，与提起赋予我人生意义的事业，二者是不同的。

我维持生活的方式不断改变，但我的事业始终如一：我是一个教学者，这是我人生各个阶段、无论顺逆都始终追求的事业。即使我在公共海滩清扫厕所，我也在学习，学到很多有关人类的状况——大部分都是我不想知道的！但我的事业在写作中找到了最清晰的表达；即使多年没有报酬，我也坚持写作。

随着年龄的增长，我们必须弄清楚工作与事业的区别。太多的老年人（尤其是男性）退休后会陷入绝望，因为他们失去的，不仅是主要的收入来源（通常不得不做些报酬微薄的零星工作），还失去了认同感。他们曾经拥有的，是赖以谋生的工作，不是赋予人生意义的事业，那种一个人会终生追求的事业。

我的祖父杰西·帕克曾是约翰迪尔拖拉机厂制造零件的机床操作员。65岁被迫退休时，他舍不得离开自己这个拖拉机厂的工作岗位，也很难割舍同事情谊。但祖父的事业并不是制造拖拉机零件——而是酷爱将原材料变成有用的或美观的物品，退休后依然乐此不疲。

他去世时，我继承了他用桃核雕刻的微雕花篮和微雕小猴。它们就摆放在我书桌旁的书架上，提醒着我：即使写作是没有报酬的工作，我也要坚持用文字从狂乱中雕琢意义。

本章的开篇随笔《意外的作家》讲述了我的第一本书是如何问世的。我是家里第一个上大学的人，因此，出书这个想法有些遥不可及。但这并没有阻止我追求自己的使命，而且我对写作充满激情。于是，“意外”发生时，我的书就出版了——从那以后，我从未停止过写作。

《生而困惑》讲述的是从一开始就激发我写作的那种与生俱来的天赋。我对很多东西都不在行，但我有好奇心、容易困惑甚至迷失，常常需要找到出路。写作一直是我解决一个又一个困惑的主要方式。

《我本应写完的诗篇》讲述了关于我曾打算写一本自认为负有使命的书的失败经历，一个断断续续写了两年后不得不放弃的追求。但这个追求产生了一首包含5个诗节的诗歌，道出了我想说的一切。它或者证明我是一个迟钝的学习者，或者证明任何事情只要我热诚追求，绝不会无果而终。

《再次出发》讲述了这样一个事实：我其实不是一个作家；我是一个改写者，需要扔掉很多页才会留下一页。这不仅是我的写作故事，也是我的人生故事。我不想承认，但我经常忘记学到的教训，不得不从头开始，重新学习我自认为知晓的东西。衰老有一个好处：它让我们有机会学习、再学习，直到我们真正知晓。

《世界重新变绿》是我写的一首小诗，反映了我深爱“写作人生”时的感受——我的文字生长自经历的苗床，正如树木生长自大地，然后回归大地，“为被埋没的世界之根提供养料”。

如果你不明白我的写作人生与衰老有何关系，那么我的理解是：撰写句子、段落、短文和书，与“谱写人生”（借用玛丽·凯瑟琳·贝特森的一本书的书名）何其相似。[1]正如我在本章后面所说，“我们的一举一动……都在书写人生文本的后续的数行文字；只要活着，就在书写。”我们如何“书写人生”很重要；但更重要的是，每向死亡迈进一步，我们对所写人生的编辑能力。

意外的作家

不时地，会有人向我寻求建议：如何成为一个作家。照我的做法，我是不会提供建议的。相反，我会向交流伙伴提出问题，希望唤醒他内心的“老师”，这才是人人都有的、最可靠的建议来源。如果他坚持要我说，我最多也只能谈谈自己写作生涯的部分故事，让提问者自己决定是否有用。权当是我的“拙见”吧。

20岁出头时，我就产生了强烈的写作欲望，并且很快就清楚：我要坚持写下去。我的第一本书出版，距今差不多已有20年，其间，我从未停止写作。不过，说实话，我出版的第一本书，实在是机缘巧合，如有神助。

1978年秋，我在为一个班上的学生讲授关于托马斯·默顿的课程。原本我计划播放默顿生前最后一次讲话的影片——他讲完一两个小时后，意外的悲剧就发生了，结束了他的生命。课程开始前的最后一刻，我才得知，我订购的16毫米影片——需要放映机的卷盘式影片——被邮送到了错误的地址。（年轻人，要知道，那个时代是无法导出或下载视频的，也没有DVD播放影片。）

我想为这个课程画上完美的句号，于是，我点着煤油灯，挑灯夜战，写出了代替影片的讲稿。我的一个学生很喜欢这些讲稿，问我要了一份寄给她的叔父——一位默顿的信徒。几个星期后，这个人给我打来电话，表明了身份，说他是来自一家小出版社的一名编辑。他也喜欢我写的东西，想知道我是否允许他们在每月通讯中发表。我当然说可以，感觉自己像是中了彩票，即使没有获得任何奖金。

两个月后，他再次给我打来电话。他说："我们的读者很喜欢你的文章。你有写过相关主题的其他东西吗？"要知道，我有20年的退稿"收藏品"，全都搁置在文件柜里，于是，我回答说："我找找看吧，也许可以找出几篇。"他说："把它们寄给我。"于是，我又点起煤油灯，当晚就熬了大半个通宵，挖掘我的作品，第二天就寄出了12篇文章。

几个星期后，这名编辑第三次打来电话。他挑选了七八篇关于悖论主题的文章，想把它们集结成书。他问："你看这样行吗？"我说："给我点儿时间想想。"我尽量忍住激动，然后说："当然可以！"

我做了某些修改，使这些文章连贯起来，然后写了一些背景性的新东西。9个月后，我捧着我写的第一本书《悖论的应许》，凝视着它，睁大眼睛，惊喜得像是捧着我的第一个孩子。

如今——距离那个甜蜜时刻已有38年，我又写了9本书——写作境遇已发生改变，我也小有名气，不再需要经纪人，不再自费出版，也不再担心我的线上"平台"的关注度。不过，我下面这三个经验之谈，今天依然适用。

第一，你需要清楚，你的首要目标是写作，还是出版。如果当初我没有决定，我的首要目标不是出版，而是成为作家——如某人睿智地所言，一个因写作本身而与众不同的人——那20年的退稿信早就关闭了我的写作大门。一旦我明确，即使出版精灵永远不会在我的枕头下放一份出版合同，我也要写作，那我就可以说：只要坚持写作，我就是成功的。这个目标是可以做到的，而且是我可以掌控的。

第二，你需要撞大运。有人认为我这是在开玩笑，那就让我提醒他们一个简单的真理：越经常地把你的作品“撒出去”——哪怕是只有15个学生的、关于托马斯·默顿的课程这样小的场合——就越可能撞上大运。因此，要做播撒希望种子的约翰尼，将你的文字四处播撒，说不定有几颗“种子”就会落到肥沃的土地上。

但事情是这样：写作初期，往往意味着要免费奉送自己的作品。这种“慷慨”，除了其本身的回报，它带给你的“曝光度”也比事事以金钱衡量更为重要，从而最大可能地增加撞上大运的概率。

第三点，也是最重要的一点：要让自己充满困惑。做到这一点并不难。我是说，关于我们自己、他人和我们共有的这个世界，还有什么是不会让人感到困惑的呢？问题是，我们有些人（包括我）有时候会错误地认为：写作是为了显得自己聪明。

以我早期的写作为例吧！现在回去阅读我的某些劣质作品，看着那个可怜的家伙埋头翻阅一页页充满长单词的垃圾，用“学术严谨性”为自己辩护，没有丝毫的困惑、游戏和人性，我不知道是该哭还是该笑。我所认为的严谨性，其实是僵化，如僵尸一般。

我当初写作，是为了影响读者，而非自我表达，这往往是不好的做法。我尽力地劝说读者，我是所写题材的专家，而不是一个努力理解对我似乎深不可测的神秘之物的人——教学、社会变革、精神、民主等等。我最好的作品，不是源自专业知识，而是源自我的“初心”。

对我而言，写作不是收集素材，把它们裹上清晰的思想，然后把它们写到纸上。写作是开始于钻进我的未知深处，长时间待在黑暗里，直到我的眼睛适应，能够看清深处的东西。关于某个题材，在了解专家们的说法之前，我想自己去发现、自己去思考、自己去感受。

写作新人通常会被告知：“要写你知道的东西。”我不想说这是一个糟糕的建议，但我想延伸一下：“要写让你感到好奇、让你感到困惑因而渴望知道的东西。”正是这种渴望，让我坚持写了下来，尽管我发现它充满无尽的挑战；对此，体育专栏作家雷德·史密斯曾说：“根本不用写。你只需坐到打字机面前，切开一条静脉。”[2]

唤起情感的问题，往往比忠告更有用。但不管是否有价值，我的“拙见”归结为：（1）更关注过程，而不是结果；（2）写作初期，要免费奉送自己的作品，以便最大可能地撞上大运——无论何时，只要你被自己的作品感动，就要坚持奉送；（3）愿意深潜下去、长时间挣扎于困惑，然后发挥“初心”，不管你的自我抗议的声音有多大。

细细想来，除了写作，这些建议对其他事情可能也适用。嗯，也许我可以就此再写一本书……

生而困惑

我答应在一个关于信仰与写作的大会上发表演讲的时候，留给我的时间已经不多。大会开始前一个月，也许我还可以谈点儿关于写作的令人振奋的东西，也许还有某种信仰。但日期来临时，我手头在写的那本书把我困在了地狱里。

在那里，人们采用的是逆向炼金术：我早上所写的“黄金”文字，到午餐时变成了“渣滓”。他们这样做，我对写作想说的最好听的话，只能援引乔治·奥威尔这个快乐家伙的名言：

> 写一本书，是一场恐怖的、让人精疲力竭的战斗，犹如某种痛苦的疾病长期发作。如果不是被某个既无法抵抗也无法理解的魔鬼所驱使，一个人决不会做这种事情。[3]

50多年来，我一次次地邀请这个魔鬼进入我的人生，尽管我非常清楚它会带来什么“病痛”。唯一已知的疗法，是在它结束我之前，我结束所写的作品——像雅各与天使摔跤那样，把它摔倒在地——直到痛苦消除，感到某种恩典。这就是信仰与写作的交汇之处：不管你走哪条道路，往往都很难分清，与你摔跤的是天使还是魔鬼。

我这不是在抱怨。我热爱写作带来的挑战，热爱写作给予我的活力，哪怕是在火焰开始舔舐我双脚的时候。正如马克·吐温所言："去天堂享受天气，去地狱享受热闹。"[4]

※ ※ ※

上小学时，我就坚信自己的人生使命是成为飞行员。我最渴望的，莫过于"挣脱乖戾大地的羁绊/展开欢乐翅膀舞动于蓝天"[5]。因此，同那时候的许多男孩一样，我也花很多时间制作、放飞和常常摔烂模型飞机。

但和我大多数的朋友不一样，我会花更多的时间制作小册子，讲解飞机的飞行原理。我把它们"发表"于装订的折叠纸张，上面排满了精心打出来的单词，还配上相关主题的插图，比如：引擎牵引飞机穿过天空时，机翼的曲线型面是如何产生升力的。显然，我小时候真正想做的，不是飞行员，而是作家。我想写书，探索生活中的奥秘——比如：非常重的物体，没有肉眼可见的支撑方式，是如何保持在空中的。

几年前，有人问我：为什么成为作家？在此之前，人们问我这个问题时，我给出的都是各种虚假的答案，因为我不知道答案。但这次我找到了答案："我成为作家，是因为我生而困惑。"

这是信仰与写作的又一个相似之处。和写作一样，信仰也是对待困惑我们之事的一种方式，直到我们用新的视角观察它们。"我们通过信仰就知道……我们所看见的，并不是由显然之物造出来的”（《希伯来书》11:3），就像是让波音777飞机升入高空的那种魔力一样。

我相信，困惑是我与生俱来的一种天赋。我脱离子宫，被人拍打到呼吸，看了一眼四周，然后我肯定说过：“这到底是怎么回事儿？”来到这个有着诸多困惑的世界，我永远不会缺乏写作题材。因此，我的写作方法很简单：找到困惑我的某个东西，然后不断地写，直到我的未知的第一层被剥掉——此刻，我会找到新的困惑，一个接一个，然后坚持写，尽可能地深入下去，确信我最终将在探索过的那一层下面又找到新的奥秘。

下面简短列出的，是让我感到困惑的事情：

●为什么那么多生活富裕的美国人，拥有的金钱和物质超过所需，却总是觉得拥有的还不够多？

●为什么那么多受过良好教育的人，能够精确地理解物质世界的运行方式，却对自己的内在动力一无所知？

●为什么有些公民说他们喜欢民主，却总是辱骂、制造恐慌和寻找替罪羊，将民主置于危险境地？

●我这个人对他人的困惑了如指掌，却发现自己信一套、说一套、做一套，我这是怎么啦？

我的内心和周遭充满矛盾，促使我花大量时间去写它们，尤其是我在自己的信仰传统中发现的那些矛盾。一种建立在“道成肉身”信念基础之上的信仰，怎么会如此害怕肉体和性？一种基于“爱邻人”信念的信仰，怎么会让那么多邻人成为可怕的“他者”，把他们抛弃于“外面的黑暗”？

有些人似乎认为，这种问题会有损信仰。可是，信仰这种东西，本来就容许我们充分感知矛盾——那种孕育谦卑的感知，而谦卑是真正信仰的重要部分。对自身和宗教社群中的矛盾过于恐惧，恐惧到不得不假装毫无矛盾，在我看来，这是背弃信仰。

事实上，认为我们的精神生活没有任何矛盾，这比没有信仰更糟糕。它会催生傲慢自大；正是这种傲慢自大，使一些和我信奉相同宗教的人在种族主义、厌女、仇外等恶行中起着主导作用——即使他们宣称：每个人都是依照上帝的形象创造的。

根据我的经验，要让我、我的信仰和我的世界保持一致和连贯，只有一种办法：伪装。通常，我不会为上帝说话，但我确信上帝是不会赞成伪装的——伪装和其他东西一样，会让我们回避自己的改变需要。

※ ※ ※

说到伪装，当作家的一大诱惑，是受到读者的虚幻崇拜：他们会认为，你针对某个主题写了一本书，因而就是专家。小时候，我常常因为这种虚幻崇拜而自我膨胀。我忘记了从小父亲给我的教导：“帕克，你要记住，今天的孔雀是明天的羽毛掸子。”

自我因虚幻的专长而膨胀，我就可能失去困惑天赋，而正是这种天赋，才赋予我最好的作品以生命。我不再提出问题，开始相信我拥有答案。为了保持这种天赋，我一直努力坦诚地写我的缺点、失败和阴暗。我若能够坦诚地写好这些，就可以帮助读者看清我不是专家，只是真实的自己：一个旅伴，一个人生旅途中的同伴。

我从不觉得，我必须当众分享我全部的“破碎”。正如一位荣格学派心理治疗师所言：“灵魂是需要秘密的。”只有我的某个艰难经历完全融入我的自我意识，我才会把它写出来，以此为读者创造反思自己艰难时期的安全空间。我第一次堕入黑暗的深渊，10年之后我才把它写出来，以免让读者担心我的健康。

作为作家，最让我感到满足的，莫过于得到“难友”的感激，感激我所写的关于抑郁的那些文字。然而，如果我知道，和我遭受同样痛苦的那些人应该怎么做才能找到出路，那我决不会写。关于“窍门”“诀窍”“技巧”的这类书，我不感兴趣：对我来说，诚实地写好自己的故事，就足够了。你和我分享自己的挣扎经历，可以给予我同伴情谊；据我所知，这是最有效的心灵药物。

在我看来，这似乎是信仰与写作的又一个相似之处。我所熟知的上帝，不是像全球定位系统（GPS）那样行事，而是陪伴我、让我摸索着走出最黑暗的地方。我认为，一个好的作家至少要为读者做到这一点；从人性深处的弱点出发进行写作，不但是自我疗愈行为，也是共情行为。

然而，尽管我非常强调要讲述自己的阴暗故事，但这也有一个弊端。一旦我把故事写到纸上，它马上就变得格式化、固定化和僵化。随着我把最初的体验诉诸文字，随着这些文字被出版，它们就失去了活力。如果我经常讲这个故事，它就不再是灵魂故事，就会开始变成表演，如果读者对它做出肯定回应，尤其如此。

如果我写或讲这样的故事，我会忍不住告诉自己："只要它基本真实、能被读者接受，谁会关心它是否是你经历的缩影？"不，我的灵魂会关心。如果我扭曲了灵魂的经历，它肯定一点儿也不会喜欢。这样做，对于我而言，这个经历的生命力和意义就会消逝，消逝的程度与故事的扭曲度成正比。

关于真实，巴里·洛佩兹说："它被简化为格言或套语。它是富有活力、难以言说的东西。故事要营造一种无法辨别其模式的氛围。"[6]如果这个故事实话实说，那这种模式的生命，就会和草原上风吹草动的景象一样短暂。如果你为了确保读者"读懂"而过于如实地讲述故事，那这个模式看上去，就不太像吹在草上的风，更像是钉在地上的木桩。

作为作家，我渴望和读者通过纸面文字建立灵魂联系，以此打动他们，但我面临一个两难的境地。我讲述我灵魂故事的方式，是让读者觉得清晰、引人入胜，让他们跟着我的讲述"标记"出故事？是隐晦地讲述故事，像草原上"讲述"故事的风一吹而过？还是为了自己保存故事的真实性和生机而完全隐藏故事？我想，这个问题的答案是："视情况而定。"

有一点很清楚：写作于我是一种公共疗愈行为——我有义务记住：我的部分“疗法”，必须限定于信赖的朋友或专家。正如19世纪英国女演员帕特里克·坎贝尔夫人在谈及公众场合过分亲昵的示爱行为时所说：“我不关心他们做什么，只要他们在大街上亲昵时不要惊到马。”[7]

有时候，写作于我是一种祷告。因此，信仰与写作又有一个相似之处：“你祷告的时候，不可像那假冒为善的人，爱站在……十字路口上祷告，故意让人看见……你祷告的时候，要进你的内屋，关上门”（《马太福音》6:5）。或者，借用帕特里克·坎贝尔可能会说的话：“你祷告的时候，不要惊到马。”

※　※　※

写作是一种回顾行为，帮助我整理、筛选、和解自己的经历。但写作也是一种前瞻行为，是一种“远程预警系统”，告知我需要注意的下一个新的成长机会或要求。回望过去，我意识到，我所写的每一本书，都是在为接下来的我做准备，尽管当时我并不知道这一点——现在的我已有79岁，但我确信：怀着死亡意识写这本关于衰老的书，就是一种准备行为！

写作时，我似乎在和谁搭档，某个还不是我的或还不属于我的东西——或许也是某个更真实的、通常难以触及的我。托马斯·默顿说过，我们很多人都过着“自我非人格化的人生”[8]。写作让我摘掉面具，因而我可以露出真实面目，更清楚地看见我需要面对的那些东西。

《悖论的应许：基督徒生活矛盾颂》（以下简称《悖论的应许》）是我写的第一本书。在书中，我试图弄明白：如何借助“悖论”概念容纳自己的那些矛盾——悖论是指人生最重要的那些真实往往不是“非此即彼”，而是“彼此相容”，这个概念最终成为我所有作品的核心。

写完《悖论的应许》后的一两年时间，我突然被黑暗所笼罩，这种黑暗源自我忽视自己阴暗面的长期习惯，而我在这段艰险时期里拥有的最宝贵的“资产”，就是悖论这个概念。悖论帮助我接纳这样的事实：我既是好人，也是坏人；人生永远是黑暗与光明的共舞；有人称之为上帝的神秘之物也包含着同样的双重性：“我施平安，又降灾祸；制造这一切的是我耶和华”（《圣经·以赛亚书》45:7）。

《悖论的应许》基本上是一本向内审视的书。它让我反思我们的内在和外在生活持续地相互融合、共同创造我们和这个世界的方式。我后来将这个现象称为“牟比乌斯带上的生活”。因此，我的第二本书《与陌生人为伴：基督徒与美国公共生活的更新》（以下简称《与陌生人为伴》）将我从牟比乌斯带的内侧带到了外侧。写作再次提前为我需要去的地方做好了准备。

在《与陌生人为伴》一书中，我试图绘制不会引向自恋的精神之旅路线图——自恋这种状况，因为“上帝只住在内心深处”这一信念而恶化。我在寻找方法，将精神信仰与我们共同创造一个爱与公正的世界这一使命结合起来。我需要书写“与陌生人为伴”的，避免出现同一而封闭的精神社群的生活。

我的第一本书是关于内在生活的，第二本书是关于公共生活的。写完这两本书后，我需要面对这样的事实：我既不是专职的修道士，也不是专职的政治活动家。从某种形式上讲，我是一个教师，只是一个教师。无论是在教室里讲课，推动建立隐修营，还是组织某个项目或社群，我在本质上都是一个教师。

因此，我写的第三本书和第五本书——《我们如何被他人认知，就如何认知他人：教育的精神性》《教学的勇气：漫步于教师心灵》就是对我教学事业的探索。我试图弄清楚：教学与我在第一本书和第二本书中探讨的那些内在的和外在的生活问题有何关系。我更加清楚地知道，如何将默观和行动融入我的“教学生活”。

我每本书的生命力，都不是源自这样的想法：“我知道生活将把我带向哪里，因此，我需要写我的人生之路。”在每本书中，我都只是试图层层剥开我的某些困惑。只有在回顾中，我才能够说：我写的是我走向人生边缘的道路；在写之前，我压根儿不知道自己要去往何方。

※ ※ ※

德国小说家托马斯·曼说过：“作家是这样的人——写作对他比对其他人来说更为困难。”[9]事实上，写作对我来说太困难，我都无法称自己为作家：我是一个改写者。我要扔掉10多页的东西，才能保留一页文字；可以说，我的所有作品，都需要经过七八遍的修改才得以出版。

我不断地改写，并不是受到完美主义的驱使；我早就摆脱了完美主义的控制。每次改写作品，驱使我的都是好奇心：在这个世界或我内心的盘旋之路上，下一个转弯处会有什么？

我的发现以及我的那种它就待在那里等着我去发现的感觉，常常让我感到惊喜。这解释了有人援引我某本书中的一些文字时，我为何会不断地问自己："这真是我写的吗？"我很少认可它是属于我的想法，因为在某种意义上它不是。它只是我在通往未知的道路上偶然洞察到的东西。

写作和信仰都有一个核心问题：我们用文字或信念探索现实时，我们的结论，是我们的发现或创造吗？我想，答案是肯定的。这个问题之所以重要，不仅是因为我认为它是真实的，也是因为我相信它可以帮助我们对自己的信仰保持谦卑。

某个东西既是我们的发现，也是我们的创造，这是什么意思？小时候，我们喜欢拿出一张纸，用蘸有柠檬汁的小画笔在上面写字。柠檬汁变干后，这张纸看上去是空白纸。但如果我们将这张纸放到热源上，我们所写的文字就会神奇地显现。

现在，写作时，至少在写作顺利时，我有一种感觉：我所选择的写到纸上的文字在与"外面"的真实发生交汇，但依然看不见，直到有人赋予它们语言的形式。写作不顺利时，情况刚好相反：我在用文字强迫某个东西成形，让某个并不存在的东西“现身”——或者，我还没有找到能够让真实显现在纸上的文字。

因此，如果我写得不顺利，我就必须一次次地进行“观念自杀”。如果我写成的东西，不管多么优美，只要没有挖掘真实，我就必须将我耗费几小时、几天或几个星期辛苦写成的纸撕掉，然后从头开始写。这就好比我回到童年，将一张纸放到热源上，但纸上并没有显现任何隐藏的信息。

文字与真实要拥有美满的“婚姻”，文字就必须尊重真实，让它暴露自己的本性。如果文字使用错误，哪怕最简单的真实也不会“现身”——即使是看似正确的文字，也不会显露并不存在的东西。同所有婚姻一样，我们要尽量妥协，相遇在“恰好的地方”。我们会脱离这个地方，然后必须想办法返回那里。

我不断地改写，就证明我经常脱离。但只要有必要，我愿意进行“观念自杀”，让我的文字与真实在某个地方相遇。

※ ※ ※

在这个地方，我作为作家和信仰者的并行之路合二为一。多年来，圣经《新约全书》中有段话，一直掌控着我的注意力：“我们把这宝贝放在瓦器里，要显明这莫大的能力，是出于神，不是出于我们”（《哥林多后书》4:7）。

用宗教的话说，这宝贝是神；用世俗的话讲，这宝贝是真实。“瓦器”是我们用以传达我们的所知和所信的文字（和其他东西）。在我看来，这段话的意义简单而严苛：我们创造的、用以盛放这宝贝的容器都是用泥土做的、有限的、有瑕疵的，永远不要与宝贝本身相混淆。

作家的职责，就是制作“瓦器”，用以盛放我们探索真实时的发现。如果我们的“瓦器”空间太小、无法安放宝贝，如果它们无法让我们与真实相遇——或者，如果它们过于畸形以至亵渎而非彰显它们要盛放的宝贝——那我们就必须打碎它们，然后找到某个更适合安放并传承宝贝的“瓦器”。

打碎“瓦器”被称为“偶像破坏”，必要的时候，这是一件好事。有必要却不打碎“瓦器”，被称为“偶像崇拜”，这通常是一件坏事。对于写作和信仰，我们都需要一次次地进行“观念自杀”——如果我们认真看看这浩瀚无际的宝贝，看看我们那脆弱、有限、有瑕疵的文字的缺陷。

任何宗教传统的人，如果坚持认为这宝贝只能放在他们的“瓦器”里，那他们就是在“偶像崇拜”，有时还会有人因此而送命：偶像崇拜是所有宗教暴力背后的驱动因素。他们为何会这样做？因为他们害怕——害怕一旦将这神从信条的笼子里放出来，将其放归野外，他们就不得不做出巨大改变。

显然，我们永远无法禁锢这神，但“我们能禁锢神”的这种错觉很难灭绝。我曾听过一个有关凯尔特基督教的古老故事。一个修道士死后被葬在修道院里。三天后，有人听见地下室里有声音，于是，他们搬开石头，发现那位兄弟复活了。他们非常好奇，问他天堂是什么模样。他说："唉，天堂和我们宗教中所说的完全不一样……"他们二话不说，就把他推回去，重新封上了地下室。

对我而言，信仰与写作的永恒挑战都是：如何最充满尊重地容纳宝贝和"瓦器"这个悖论。"瓦器"值得我们尊重，是因为它让我们有机会保护这宝贝，与人分享并传给下一代。但如果"瓦器"开始遮蔽宝贝，我们就必须把它扔进历史的垃圾堆，寻找新的、显现多于遮蔽的"瓦器"。

不这样做，我们就会辜负这宝贝：它不属于我们，我们属于它。否认或藐视这一事实，就是最大的不尊重。它将引向的，不是生命，而是死亡，这对于个人、宗教社群和这个世界而言，都是如此。

我的书桌上方有一张发黄的索引卡公告牌，上面写着西班牙作家奥尔特加·加塞特的一句话：

> 写作这种在纸上动动笔的简单活动，如果我们不冒斗牛士般的风险，如果我们不写危险的、机敏的、长着两只角的话题，那干吗还写作呢？[10]

如果上帝那么渺小，渺小到我们有限的文字和套语就能容纳，那我们干吗还信仰呢？要在信仰中写作和生活，我们就必须让上帝归于上帝——原始的、自然的、自由的、有创造冲动的，但绝不会禁锢于我们的所想、所言和所为。为此，我要感谢上帝！

我本应写完的诗篇

我们的人生会留下文字的踪迹，哪怕我们没有说话、没有写作。我们的一举一动——在家里、在工作单位，和朋友在一起、和陌生人在一起，在公共场合、在独处期间——都在书写人生文本的后续的数行文字；只要活着，就在书写。

如何更好地“谱写人生”？“谱写人生”是玛丽·凯瑟琳·贝特森所写的一部精美著作的书名，因此，我知道不是只有我一个人在追问这个问题。[11]华兹华斯说，我们“拖曳着荣耀的祥云”来到这个星球。[12]我们的尘世生命结束时，身后会“拖曳”着怎样的人生文本？人们阅读它，是感到枯燥或平庸、冷漠或怨恨、恐惧或愤怒，还是比其他文本都要精彩？

50年前，在我20多岁的时候，我感到迷失，在寻找人生意义的指引。我在亨利·戴维·梭罗的《康科德和梅里马克河上的一周》这本书中找到了谱写“精彩文本”的重要线索。

在一篇关于人生艺术的散文中——他未加解释或思索，仿佛这个念头突然蹦入他的大脑，趁它未逃走一把抓住——梭罗写下了两行简单的诗句：

我的人生是本应写完的诗篇，

但只要活着，我就无法写完。[13]

这是多么非凡的看法！一个人书写的人生文本，竟然是一首诗！当然，如果你所理解的诗歌不只是花哨的韵文，你就会发现这个看法“甜得发腻”：人生不只有甜蜜与光明。正确地理解，这两者都不是诗歌。诗人保罗·安格尔说：“诗歌以思想为骨骼，以情感为神经和血肉，这一切都包裹于精美而坚韧的文字皮肤之中。”[14]罗伯特·沃伦也说：“所谓诗歌，只不过是理解自我的冒险尝试——诗歌是自传中最深邃的部分。”[15]最好的诗歌，如同人生本身，深入骨髓。

梭罗的“人生如诗”的观点，让年轻的我浮想联翩。斗转星移，他的这两行诗句依然在我的脑海中挥之不去、难以忘却。我感觉，它有着某个我只一知半解的秘密。于是，为了发现这个秘密，70多岁时，我准备写一本书，题目当然就叫作“我本应写完的诗篇”。

我重读梭罗的作品，收集引言和注脚，制订写作提纲和概要，写出并修改了数章，然后和朋友们讨论它，直到他们希望我换个主意，或者，换个朋友。经过不断的研究、反思和写作，结果很显然：我这本书肯定无法问世。我放弃了这个计划；漫长的追求以失败告终，这击倒了我。

然而，我们都在书写人生文本，这个事实说明：只要活着，文字就不会枯竭。留意文字在表达些什么，有时它们会自行谱写成有意义的东西，带给你惊喜。

一天，我坐在那里，开始写每日晨记，梭罗的这两行诗句又萦绕在我的心头，数不清是第多少次——痴迷就是如此体现的。30分钟后，一首诗歌的草稿就已成形；品味数日后，我感觉自己已最大程度地接近“我本应写完的诗篇”的秘密。

梭罗的这两行诗句困扰了我50年，我才终于到达了终点——不是一本厚重的书，而是一首包含5个诗节的诗歌，一首由喜欢看着人生变成文字、文字变成人生的业余诗人所写的诗歌，每10年才写一个诗节。

然而，这段旅程就是终点，其间每迈出一步，我都在学习。谢天谢地，有了这首诗歌，我终于能放下那本永远不会问世的书，那本我认为本应写完的书。

我本应写完的诗篇

我的人生是本应写完的诗篇，
但只要活着，我就无法写完。

——亨利·戴维·梭罗

最初的话语，最难说出。
在子宫里，话音回荡，
出生时，话音变大。
你聆听，因为终有一日，
你也必须说话——
这是我们，
艰难走过无径山水的方式，
这山水，就叫世界。
但是，怎么说？
说什么？有何用？

后来，说话变得容易。
你学会用语言，
表达自己的需求和渴望，

帮助自己找到人生的道路，
清楚地表达你的信仰，
联系朋友、寻找工作，
愈合创伤、消除恐惧，
抓住机会去爱与被爱。
你脱口而出的话语，
有时，很快让你后悔——
有时，却有着魔力，
让你默念，希望永远牢记
它们如何突然而至，
请求你的呼吸，
赋予它们以生命。

然后，你明白：最难说出的，
不是最初的，而是最后的话语。

你想说的，那么多，
但时间不停地带走时光和话语。
在无尽的悲伤和感恩中，
你该怎么说：
“谢谢你！”“真美、真宏伟！”
“我不知自己如何幸存”，或者，

“我俩牵手共度人生之日，
永远将我改变。”
你搜寻最后的话语，
你发现，就是这样——
人生语言已经落潮，
话语化为沉默、回归当初——
这未竟的诗篇，
若不是，
人生多年的心痛与欢愉，
我本应早就写完。

——帕克·帕尔默

再次出发

不久前，我观看了由凯拉·奈特莉和马克·鲁法洛主演的电影《再次出发》（*Begin Again*）。它以纽约下东区为背景，讲述了一个关于爱与音乐的故事。

20世纪60年代初，我有时会去这个街区闲逛；那时的我22岁，对居住在那里的嬉皮士、艺术家和哲学人士非常感兴趣。当时，我在纽约联合神学院研习牧师课程，但我感觉，我的神学之路会失败。因此，明智之举，似乎是寻求一条哲学退路——我该说什么呢？我想，我当时认为，喝浓咖啡、呼吸纽约东村的空气，都会让我成为一个存在主义者。

我喜欢《再次出发》，有几个理由，特别是它让我想起20多岁的我而捧腹大笑。但本文不是影评或回忆录。它是我的反思，反思这部电影的片名以及这两个词语如何帮助我摆脱“停顿”的状态。

最近看着我的一本书死在键盘上，我也感到了创作的“停顿”。请原谅，我在讨论重大的社会弊病时加入微不足道的个人问题，但我们都生活在个人小世界和周围大世界的交汇区域。如果我们想服务他人，这两个世界都必须关注。写作是我创造意义的主要方式之一，因此，“写作停顿”是一个令我头痛的问题。

当然，同我们中的很多人一样，我也能通过其他方式创造意义：和那些渴望探索问题或追求梦想的人坐着聊天；引领那些服务他人的人参加更新隐修营；协助我的孙女做一个关于帮助无家可归者的计划；在家里帮忙，做些被允许做的事情——这意味着与准备食物或易碎品无关的家务活儿。

我还因为无法获得写作动力而感到被边缘化。朋友建议我就当它是“休耕期”，让“土地”自我更新，然后再想办法重新种上“庄稼”。没错，我有过“休耕期”，那让我重新充满活力。停顿的感觉更像是停滞；无论你是18岁还是80岁，这种状态都毫无活力。

看完《再次出发》的第二天，我又想起这部电影的片名，它给了我指引：你需要再次出发。我说的，不是“再次出发”写一本新书。我的意思，是带着佛教徒所说的“初心”再次出发。

后来，我想起了一首诗歌；现在读来，它的问世，仿佛就是为帮助我找到前行的道路。这首诗歌，是温德尔·贝里为悼念其好友、著名诗人海登·卡鲁斯而写的；贝里向“开启伟大事业”的卡鲁斯致敬时，卡鲁斯已经80多岁了。

致海登·卡鲁斯

亲爱的海登，读着你的作品，
我的头、背、心和灵魂都在疼，
因为你的痛苦，还有我的痛苦；
为了欢愉，我读个不停，是那么急切，

因为你的艺术与睿智、悲伤与欢乐，
每个都因为其他而显得真实。
读完后，我发誓，我感到愉悦。
我在罗亚尔港，向在曼斯维尔的你致敬，
为你伟大的高贵与尊严。
我发誓，在我看来，你必将成为，
有所成就的少数之人。
我说什么？为你开启伟大事业而致敬？
不。我为你再次出发而致敬，
因为我们不是出发，就是已经死去。
让我们忘却事业，以免某日死在其中。
我向你致敬，为你在艺术上
再次出发，一次又一次。[16]

要摆脱停顿状态，我必须放弃作为功成名就的作家的“事业”，而应作为写作新人“再次出发”。事实上，每天的每个新的时刻，我都是一个新人——每个时刻，都呈现着未知的和未尝试的可能性。为何不接纳这个事实，看看会发生什么呢？正如禅师铃木俊隆所言：“初学者心中，可能性很多；行家的心中，可能性很少。”[17]

实际地说，再次出发是什么意思？恐怕你会问这个问题。老实说，我不知道——这也许证明，我其实也在练习保持“初心”。如果我在等着别人的答案，那我不会写这篇文章——写这篇文章，也许会帮助作为人、作家和世界公民的我摆脱停顿状态。过去几年一点点地“啄食”初心，已经让我感到停滞感减轻、活力倍增。

当然，我最终所写的东西和所做的事情，都不会解决我提出的那些紧迫问题。不过，写作是我融入世界的主要方式之一，因此，不管我写的是什么，都会帮助我重新连接世界，甚至会推动我迈向其他有用的方式。

我想，我不是唯一感到停顿的人。如果你也是，那就让我们互相提醒：这个星球迫切需要我们每个人为了共同利益而奉献自己的天赋——不管是什么天赋。让我们签署互助“公约”，心怀“初心”和希望，再次出发。

世界重新变绿

那棵树，密实的树干
冒出枝叶，让人惊喜；
如我紧实的纤维之心，
长出意外的言语之叶。

我知道，那树干、那树心，
黑暗又密实，如同我的心。
但在这里，我要赞颂：
我们可以告别密实，
与风共舞、与阳光齐唱。

我们的文字，如树叶，
应季长出，又应季凋落，
但它们的出现证明一种力量：
温柔可以征服一切。

枯萎的树叶回到大地，
滋养未长出的树叶之根；

干瘪的文字回到心里，
分解成养分，
滋养未被颂扬的世界之根。

言语失败，黑暗的树干站立，
直到最让人感到惊喜的泉水
涌出声音，永远在说：
世界重新变绿。

——帕克·帕尔默

外部接触：保持与世界联系

引　言

1974年，我和家人搬到一个名叫“彭德尔山”的，生活、研习融为一体的公谊会社群。关于公谊会的信仰和教义，当时的我只是略有所知。我希望能够更多地了解，于是参加了在具有历史意义的费城拱门大街公谊会聚会厅举行的年度公谊会聚会。

当我走进越来越庞大的人群，我注意到有6位年长的妇女在聊天。其中一位妇女将自己花白的头发绾成圆发髻，就像我的祖母所做的那样。我笑了笑，心想：“关于我的祖母的记忆被重新唤起，多么甜美！我甚至可以闻到苹果派的淡淡芳香，这芳香常常充满她那简陋之家的厨房……”

我正在回忆，突然，一位妇女中断交谈望向我，径直向我走来。我没有任何防备，她一把抓住我的胳膊，仿佛是怕我逃走，对我说：“我刚参加完在得梅因市举行的一个关于土著美国人权利的会议。我想给你讲讲我的收获。”——于是她讲了起来，讲得非常详细，想招募我加入她的计划。

这个目标实现后，她离开了。此时，我心想：“她不是我的祖母，不是苹果派！她是我年迈后也想成为的那种人！”

我们这个以年轻人为导向的文化，向老年人所传达的信息，让我们感到气馁和挫败：“世界变化这么快，你们不可能跟上节奏，应该退出了，不要参与其中。去培养一些没有坏处的业余爱好，待在家里吧。”

这个信息有三个问题：（1）它剥夺了老年人获得活力、意义和使命的来源；（2）它剥夺了世界获得老年人可以奉献的才华；（3）它非常可笑。除了这些，它是一个不错的主意。

有些老年人，他们的世界已经退缩回自己的电视机房——他们没有任何限制活动的健康问题；和他们在一起，我仿佛就是和行尸走肉在一起。但有些老年人，哪怕只能待在家中，他们的心灵和思想也会越过高墙、接触世界，和他们在一起，我发现他们的活力会感染我。

能够继续过着有活力的生活，我感到非常幸运。但本章中的这些随笔，与参加当地志愿活动、游行示威或去华盛顿游说议员毫无关系，尽管我会为此热烈鼓掌。相反，本章反思的是：我们可以发出声音、说出想法，以此同公共生活保持接触。如果你无法发表文章、出版书，那你可以给编辑写信，在当地论坛发表演说，或者同朋友和家人聊聊对你、对他们重要的事情。

所谓“外部接触”，就是对这个世界说：“我仍然是这个社区的一员。我有声音要听、有话要说，我想成为对话的一部分。”更重要的意义是，它意味着：你要对自己这样说，直到这些话都刻在你的心里。

《一个愤怒的公谊会教徒会怎么做？》是本章的第一篇随笔，我要回答这样的一个问题：一个像我这样渴望远离暴力生活，渴望这个世界充满爱、和平与公正的人，愤怒是否应该在其生活中占有一席之地？（我的结论是，是的。）这篇随笔和本章其他随笔都包含着我的政治信念。请不要误会：我写这些，不是要改变你的政治信念，而是鼓励你表达它们，因为作为民主国家的公民，你有权也有责任这样做。

《一个爱国者的灵魂》的问世，是为了回应这个事实：2016年11月8日，我在写这本书的时候，我的国家选出了一位新总统；根据我所知的任何标准，从道德到学识，很遗憾，他都不适合担任总统的职务。更糟糕的是，将他推上权力高位的，是威胁民主的“白人至上”之类的力量。为了将我的愤怒和恐惧引向创作，我需要重新思考“爱国者”一词的意义。

《赞颂多样性》这篇随笔指出：在生产力、创造力、可持续性、复原力等方面，同质化的社会，和物种单一化的生态系统一样危险。美国正在走向的未来，是白人人口占总人口的数量低于一半的未来。我们对“他者”的恐惧——被无耻的、为攫取权力的政客所操控——将会成为我们的祸根，除非“我们合众国人民”学会尊重差异，让我们的矛盾不是撕裂我们，而是为我们开创新的可能。

《寻找庇护所》讨论的是：我们所接触的混乱无序的政治世界开始让我们付出身心健康的代价，此时，我们应该如何找到慰藉和支持？在唱作人嘉莉·纽坎玛的帮助下——她的音乐本身就是“庇护所”——我探讨了“庇护所”的多种形式。

《冬季的森林》是对隐藏在这个破碎世界中的美与优雅的沉

思。看着我们共同生活的世界变得支离破碎，我们会陷入绝望。看见碎片之下的整全，我们又会得到鼓舞，继续从深处追求更美好的东西——某种本就存在却隐藏在一目了然之处的东西。

一个愤怒的公谊会教徒会怎么做？

请回归人性的最深处，唯有如此，
才会滋养撕裂的灵魂、迷惘的心
和那愤怒的思绪：用痛苦的呼吸，
刺破最后的威胁，为爱发出声音。

——梅·萨顿，《桑托斯：新墨西哥》（节选）[1]

我是一个公谊会教徒。基于我的宗教传统，我必须践行社区、平等、简单和非暴力等价值观。因此，我经常发现自己陷入困境，尤其是对于政治问题，我似乎很难控制愤怒。几年前，我和一位朋友“愉快地”谈论政治，后来，他送我一件T恤衫，上面印着“One Mean Quaker”（“一个刻薄的公谊会教徒”）。

一个渴望非暴力的人，他的生活中应该有愤怒吗？不管是好是坏，这就是我生活的真实情况。最明显的例子，是我对我们的第45任总统感到愤怒；这个有着太多品格缺陷，多到无法在此一一列举的人，肆无忌惮、满嘴谎言。这个人有着令人惊叹的“天赋”，竟然否认自己说过的事情，只可惜被录了音——录音回放后，他又称之为“假新闻”。正如一位记者所说，撒谎已经成为这位总统的“本质特征”。[2]

雪上加霜的是，他说的那些“武器化”谎言，会对他人造成伤害，甚至会夺去他人的生命。这些受害者包括：为家人团聚而忧心忡忡的移民父母和儿童；发现自己再次成为被锁定目标的穆斯林、犹太人、有色人种以及性取向少数群体（LGBTQ）；煤矿、工厂里那些长期工作不会失而复得的人，以及民主本身——如果我们对领导者、对彼此缺乏信任，民主就会死亡。

没错，说到这位总统及其下属——他们坚持认为这位“皇帝”穿着“新装”，然后指责和封杀记者们没有告知全世界这位“皇帝”穿着“新装”时是多么地漂亮——我就是一个愤怒的公谊会教徒。

有时，我会被人指责，因为他们认为愤怒是一种精神瑕疵，必须予以摒弃。但恕我难以苟同：

●如果某件事情在道德上是错误的，那么为了忠于好人的福音而对它视若无睹同样是错误的。目睹这届政府如此厚颜无耻地四处散播谎言，目睹他们所鼓动的残暴行为，如果我还不感到愤怒，那恐怕我就如他们那样毫无道德。

●我完全赞成，宽恕是愤怒的解毒剂；我也相信安妮·拉莫特说的这句话：不宽恕，犹如自己喝老鼠药，等着老鼠死亡。[3]但我发现，我常常无法给予宽恕，尤其是对那些具有长期为恶历史、看不出有宽恕必要的人。有时，我必须将宽恕的指挥棒交给那些位高权重的人，正如艾里斯·德门特在其西部乡村歌曲中所唱到的：“上帝会宽恕你，但我不会；耶稣会爱你，但我不会。”[4]

●我知道，愤怒可能会伤害愤怒者、伤害其影响范围内的人。但我也知道，将愤怒隐藏在伪善的外衣之下，其对我的健康——对我身边人的健康——所造成的威胁，甚于非暴力地表达愤怒。压制愤怒是危险的，这样做，就是将武器瞄准自己，迟早也会伤害他人。但有节制的愤怒，把它作为一种为所有人的新生而激发社会行动的能量，这是救赎行为。

在指责我“信仰不正确”之前——我发现，这种指责比“政治不正确”更具攻击性——请先允许我说明：我愤怒的目标，是我们的第45任总统，不是那些投票给他的人。对我而言，这是一个巨大的转变，一个自2016年选举日起我一直在内心反省而带来的转变；当时，我对他的所有支持者，对他们下注的“赛马”都感到愤怒。

除了那些我内心鄙视的人——比如反犹分子、白人至上主义者以及那些不知道“知足”意义的富裕的逃税者——我渐渐明白，投票给这位总统的很多选民，都是出于他们所面临的有关经济压力的原因，而对此，数十年来，两大党派的政客们毫无作为或很少提供帮助。

诗人梅·萨顿的诗句，帮助我开启了与我的同胞的共情之旅。《桑托斯：新墨西哥》这首诗歌的第一节，已放在本文的开头。下面是该诗的最后一节，梅·萨顿在此处描述了一种魔力，能够将愤怒从致命的力量转变为新生的力量。

请回归人性的最深处，唯有如此，
才会教导撕裂的灵魂、迷惘的心
和愤怒的思绪，接受全部的威胁，
刺破痛苦，最终，为爱采取行动。[5]

“回归人性的最深处”，将我们的愤怒变为爱的行动，这是什么意思？在我看来，这是说，我要回归自己的故事，以便重新连接那些与我政见不同者的故事。

我是一个有财务保障，受益于美国给予我这样的人的各种“福利”的白人男性。上次选举中驱动某些选民如此投票的那些急迫的财务担忧，我全都没有。我所接受的教育——以及我有时间和兴趣去阅读各种来源的新闻这个事实——使我不太可能被假新闻、“另类事实”和歪理所欺骗。数十年来，我有幸拥有一群各种各样的朋友和同事，我爱他们、尊敬他们。因此，对“他者”的恐惧，可能会驱动那些几乎没有经历多样性的选民如此投票，但不会是我的驱动因素。

如果我不能明白，我的人生故事给了我充分的理由——以及某些工具——去理解那些生活和政见与我不同的人，那我就会和现在的这帮领导者一样缺乏头脑、冷漠无情。

作者梅·萨顿所说的“最终，为爱采取行动”，又是什么意思呢？在我看来，它至少是说：我要加倍努力，帮助我们更新对公民群体和公民对话的包容能力。我要驾驭愤怒的能量，把它导向行动，帮助公民团结、彼此接触。如果“我们合众国人民”的真实性继续消失于迷雾和神话，那我们就会失去民主。

因此，我要继续实施我于2011年出版《愈合民主之心》时所启动的那项计划，其宗旨是帮助我们所有人（包括我）反抗那种削弱“我们合众国人民”的真实性与力量的“分而治之”策略。[6]这是一项培育公民对话的工作，是一种跨越政治分野的对话方式。这种对话更重要的，是尊重彼此的差异，而非小心措辞。

只有通过公开、坦诚、礼貌的讨论，我们才不会违背宪法制定者的初衷；他们交给我们的第一个政府体制，不是将冲突视为良好的社会秩序的敌人，而是将冲突视为更好的社会秩序的引擎——如果我们想办法容纳冲突。这项工作，不一定要通过大型公共论坛进行；它可以也应该在更小的场合进行：家人、朋友、街坊和教堂会众。

出于诚实，我想继续保留我在本文开头提出的那个问题：“一个渴望非暴力的人，他的生活中应该有愤怒吗？”我要保持警醒，警惕有时候我的愤怒没有诚实的来源、针对不该针对的目标，或者没有被控制、用作赋予活力的行为。

这样做的时候，我会从《圣经·诗篇》的第58篇中得到慰藉：一位圣人请求上帝，对那些散播有毒谎言的人，“敲掉他们口中的牙”（《圣经·诗篇》58:6）。《圣经·诗篇》的作者没有建议直接采取这种行动，我也不会。还是把这种激进的“口腔手术”交给上帝吧。

不过，今天，如果这位作者的请求被批准，那我至少可以想到两个积极的结果。他们会疼得无法说话，因而会暂时停止撒谎。这似乎是公平的，因为听他们说谎，我们也会感到痛苦；我们会拥有全民保健计划，包括更好的牙齿保险。

信仰和愤怒（与幽默）不一定会相互抵触。至少，对“一个刻薄的公谊会教徒”而言就是如此；我会继续蹒跚走过人生道路——心里非常清楚，用不了多久，我又可能发现自己深陷困境。

一个爱国者的灵魂

第一次听说“灵魂”时，我的年龄还很小。有几年的时间，我以为灵魂是住在我身体里的小精灵，充满善意，但因过于脆弱而无法承受生活中最严峻的挑战。后来，40多岁时，我经历了第一次抑郁发作——一部分是因为我的基因，一部分是因为我所做的某些错误选择。

在那漫长的几个月里，我陷入黑暗，我所依赖的力量——知识、情感、自我和意志——都被证明毫无作用。我的大脑成为我的敌人，我的感觉变得麻木，我的自我意识被彻底击败，我的意志力降为零。在生活的重压之下，我那些惯常的支撑，全都崩溃。

但是，我偶尔会感觉到原始自我内核的存在，它知道如何撑过艰难时期，这是一种基础的、坚强的、为“灵魂音乐”命名的生命力。我的其他力量都辜负了我，而这个内核——如野兽般矫健、强壮——帮助我幸存、成长。对这种我将其比作灵魂的原始野性，我所知不多，但我知道的是：它无惧黑暗，它热爱生命与光明，它告诉我关于我们、关于我们如何迷失又如何找到回家之路的真理。

最近，我再次迷失于黑暗。这次的黑暗，更多的是政治的而非个人的，是我们每个人都帮助创造的黑暗。这包括像我这样的人，过分自信，以为自己知道真实情况，懒得走出自己的文化舒适区去观察、倾听和学习。

2017年1月20日，我深爱的这个国家迎来了一位新总统的就职典礼；这位总统代表着我们文化中最没有灵魂的诸多特征：青春期冲动、无节制的财富和权力欲望、暴力嗜好、无休止的自恋、狂妄自大。这个人，不断诽谤女性、墨西哥人、穆斯林、非裔美国人、移民、性取向少数群体、残疾人和“地球母亲”——这个人，宁愿否认明显的事实，也不愿为自己的冒犯行为道歉——他居然成了公认的“自由世界的领导者”。

我的国家正受到我们请来的敌人的攻击，此时，我该如何保持接触外界、保持整全？我将这个问题交给我的灵魂，得到的是令人胆怯的答案。它要求我成为一个“爱国者”——多年前，这个字眼儿被“上帝、枪支、勇气与荣耀”的团伙使用，于是，我就抛弃了它。

后来，牧师、活动家威廉·斯隆·科芬的一段简明的、有洞察力的、强有力的有关爱国主义的话——他的作品总是来自他的灵魂——激发我去寻找方法，收回“爱国者”这个词语：

> 爱国者有三类，其中有两类是坏的，一类是好的。坏的爱国者是：不批评的爱国者和不爱国的批评者。好的爱国者会和自己的国家进行“情侣争吵”，就像上帝和世界之间的“情侣争吵”一样。[7]

和我的国家发生“情侣争吵”——因为炽烈的、有灵魂的爱而争吵——这是什么意思呢？对于这个问题，我目前想到了四点。

首先，它必须为什么是真、什么是假而争吵。我们的第45任总统的那些促成者，发表过有关事实的过时言论。这里仅举三例：

事实这种东西……是不存在的。

——斯科蒂·内尔·休斯[8]

你们“记者”对所有东西的理解……都过于字面化。美国人民……清楚，有时候“在酒吧”，你们会说一些没有任何事实依据的话。

——科里·莱万多夫斯基[9]

你们“记者”总是以他人嘴里说出的话为依据。

——凯丽安妮·康韦[10]

我们相信，判断一个人嘴里说出的话是真是假——如果是这位总统嘴里说出的话，就必须判断真假——只要有机会，就必须坚定地主张事实。

例如，这位曾经宣称只有他能够拯救美国经济的总统，也声称美国有“9600万人……失业找不到工作”。这纯属假话。美国“有大约9600万非劳动人口，但这包括退休者、学生和其他不想就业者。其中，只有550万人在寻找工作”。[11]在这个人接近白宫之前，美国的失业率——由于2008年金融危机带来的影响，2010年接近10%——

在2016年降至5%以下，这在一定程度上归功于他前任的政策。[12]

事实非常枯燥，对吧？而且，事实也不会改变忠实的支持者的想法。但是，我们必须保护事实，其原因，与中世纪修道院保护书籍的理由一样：火把已经进城。第一，我们不要忘记：是科学和启蒙运动，给我们提供了检验君主和宗教领袖所宣扬的东西的真实性的方式，为我们的民主实验奠定了基础。在有人炸毁实验室之前，我们必须主张事实，然后把它们放入防火保险库加以保护，直到我们下次需要。

第二，我们必须跨越政治分歧，保留自己的信念，参与公民对话。直到今天，这一直是一项艰巨的任务，它甚至会变得更加艰巨，而且，我们也不太擅长对话。但有一点非常明确：对话要取得成功，参与对话的人就必须要有某些共同之处。

我认为，我们有着各种共同之处。我们呼吸着共同的空气；使用着共同的道路和桥梁；依赖于相同的机构；为了我们的子孙后代，我们必须找到和谐共存的方式。然而，这些明显的共同利益，并未将我们团结在一起。因此，我寄希望于某种共同条件的成熟。虽然它尚未到来，但我相信它终将到来。

我们的这位第45任总统，拥有让人民“背黑锅”的悠久历史。[13]把他送上总统宝座的人中，有些迟早会意识到，他不会带给他们回报，要么因为他根本就没打算回报他们，要么因为他缺乏政治能力而无法做到。

到那个时候，2016年还是政治敌人的人们，就可能找到某种共同基础，就可能结为“绝望者联盟”。我对将这个人送入白宫的欺骗把戏深感绝望。那些因为他承诺夺回失去的工作、重振中产阶级、恢复法治、“彻底清理华盛顿腐败泥潭”而支持他的人，最终可能会对他感到绝望。

当“我们都被欺骗”这个共同基础使对话成为可能时，像我这样的人就有机会去做我们过去未能做到的事情：满怀同情地倾听那些因为觉得没人倾听而投票给这位总统的基本选民的倾诉。到那时，我们就更能理解他们被轻视的感觉，因为我们也被轻视。

第三，这种“情侣争吵”，必须将藏在心里的话说出来。这是一种“因为爱而坦白”的方式，它对于公民关系的健康，和对于我们亲密关系的健康，具有同等的重要性。

有关造成这次选举结果的“原因”，我们已经谈了很多，但我们还没有充分谈论这一事实：到21世纪中叶，超过一半的美国公民将会是有色人种。[14]建国250年后，欧洲白人统治这个国家的局面行将结束。白人选票成为2016年大选的关键，白人民族主义者和白人至上主义者未经这位获胜者的真正鼓动就热情高昂地聚集在他的大旗之下，这些都绝不是巧合。

我们要么终结白人至上文化，要么重回那场没有结束的内战。不管是哪种情况，关心美国命运的我们，都必须努力工作，将这些致命的能量转化为赋予生机的结果。

最后，如果是“情侣争吵”，我们就必须让爱保持鲜活。矛盾的是，这意味着我们要记住：我们深爱的这个国家，永远不会实现其价值观和愿景。只有不对对方抱有浪漫的想象，我们才会真正地爱他（她）；爱我们的国家，也是如此。

下次，你再听到我们必须“让美国再次伟大”的这种虚幻观念时，请你想想奴隶制度、美国内战、种族歧视、新种族歧视、大萧条、越南战争、麦卡锡主义、伊拉克战争、无家可归者和饥饿者、贪婪导致的2008年金融危机等等，然后问问自己：“我们在谈论的，是美国什么时期的‘伟大’？”然后请注意：我们如何自我宣称美国是“闪光的山巅之城”，并继续活在那种幻想中。

这种“后真相总统制”有着种种道德畸形，但绝不是什么新的东西。[15]我深爱的这个国家，如同人类所有的创建物、所有的人，也有着内在的瑕疵。正因为如此，我们的那些不完美的国父，才将不断建设“一个更完美的合众国”作为美国的核心任务。

2017年1月20日，这一天并不是美国“万物瓦解”的日子；它只是美国漫长历史中的又一个那样的时刻。我们以前获得过胜利；如果我们坚定地热爱我们的民主制度，就能再次获得胜利。

我没有观看2017年的总统就职典礼。相反，我领着一群医院牧师参加了周末隐修营；他们和无数美国人一样，也在致力于救死扶伤。但我热爱的这个国家迎来一个与“人性中善良天使”毫无相似之处的人的就职典礼的那个时刻，我正在默默地诵读一句话，一句从小学起就对我很有用处的话：“你才不是我的老板。”

这句话提醒我：我有追随自己的灵魂而不追随领导者的自由，它属于我不可剥夺的权利，只要我这样做可以为公众利益服务。它也激励我继续同我的国家进行“情侣争吵”，一个爱国者必须如此。

赞颂多样性

萨特说过一句名言："他人即地狱。"我在想，写出这句话之前，他在做什么。在忍受一顿以傲慢为"主菜"的商务午餐？在参加雇主要求的某位"励志演说家"的励志演讲？在某个时刻、某个地方参加一场鸡尾酒会？如果是这样，我就可以体会他的痛苦。

但作为一种泛论，萨特的地狱定义于我遥不可及。我的地狱要具体得多。它是这样的一个地方：居民全部都是50多岁、受过大学教育、拥有财务保障的白人男性——也就是说，都是像我这样的人。对我而言，多样性远不只是生活的调料。多样性是完满而幸福的生活的基本原料。

对"他者"的恐惧，对"人人相同"的"美好旧时光"的虚假而有害的怀旧之情，驱动着美国人生活的多个方面。在这样的时代，请问：没有多样性，我们会怎么样？如果我们的同伴都来自与我们相似的背景，都有着与我们相同的生活观念，那我们将为此付出怎样的代价？

"自然母亲"可以帮助我们回答这个问题；我拜访居住在明尼苏达州的乡村的一位朋友时，找到了这个问题的答案。我们驱车奔驰在偏僻的乡间道路上，驶过大片的玉米地，一排排的玉米排列整齐、一模一样、单调乏味。我们登上一座小山，我的朋友打破了沉默：“你来看。”

那里，在整齐划一的所谓农业综合体的“大海”上，漂浮着一座“小岛”，长满被风吹拂着的杂草和野花，五彩缤纷、各式各样，令人赏心悦目。我们默默地走过我朋友复原的这片草原，点缀其间的各种植物，它们的名字可以拼贴为一首诗：多花紫茉莉，柳穿鱼，三花水杨梅，紫色流星花。过了一会儿，我的朋友又打破沉默，说了这样一段话：

> 这片草原，生长着150多种植物——更不用说它们吸引而来的那些昆虫、鸟儿和哺乳动物——就和拓荒者来到这里扒开草皮、开始种庄稼之前一模一样。它当然非常美，但这并不是故事的全部。生物多样性可以提升生态系统的创造力、生产力、对于变化的适应能力以及面对压力的复原力。我们周围的那些农场土地，可以为我们提供食物和燃料。但这种单一化的种植，会让我们付出极大的代价。它会破坏土地的生命力，危及我们食物供给的质量和可持续性。这片原始如初的草原，可以教会我们很多东西，教会我们应该怎样生活。

在我看来，社会多样性与生物多样性有着明显的、令人信服的相似之处。下面这些，只是其中的几点：

1. 多样性让我们的生活更有活力。经常接触“他者”，不但会消除总是和同一种人循环交流同样观点所引起的单调性，还会减轻我们对“他者”的恐惧，那种让我们感觉不自在、破坏我们活力的恐惧。

自我隔绝多样性、生活于封闭社区与生活方式“飞地”的人，会越来越变成妄想狂：碰到“他者”，就会受到伤害。但那些每天“与陌生人为伴”的人都知道，情况并非如此。靠近他们，你会发现：那些长相和声音与我们不一样的人，头上并没有长角；相反，有些人头上还闪着光环。

快30岁时，我到一个偏远的州度假。我去林中散步，我的家人在州立公园享受海滩。一小时后，我迷了路，感到绝望而恐慌，担心太阳落山、担心家人的安全。

我跌跌撞撞地走进森林边上的一个小居住区，开始一家家地敲门。我被打发走四次，显然，他们害怕我，害怕气喘吁吁地请求帮助的我。第五次敲门时，那位绅士说：“快上我的卡车。我用5分钟就能送你到海滩。”我的那位“善人”是一个黑人；其他拒绝我的，都是白人。

虽然一件事情不足以说明问题，但同样的情况，我反复遇到。他们这样做，不是因为基因，而是因为社会经历。拒绝我的那些白人，要么从未有过迷路而恐慌的经历，要么害怕某个迷路而恐慌的人。但在美国——一个有着奴隶制度、（新旧）种族歧视和“日落之镇”的历史的国家[16]——有色人种从小就知道迷路和恐慌的感觉，因而能够感同身受。

2. 多样性让我们更聪明、更有创造力。背景不同的人，知道的东西会不同，对自己所知的事情的解释方式也会不同。我们聚到一起进行“差异对话”，集体的智慧就会超过任何个人。这个原则对所有事情都适合，包括解决实际问题、科学探索和思考永恒奥秘：整体的我们比个体的我们更聪明。问问所有高科技公司的首席执行官就会知道，他们的创新团队，看上去就像是联合国。

同质性会让我们变得愚蠢、陷入困境。我所说的这种愚蠢，比如，来自我们几乎不认识墨西哥人或者几乎不了解墨西哥人，因而更容易被我们的第45任总统的谎言所欺骗，他说很多墨西哥人都是毒贩、强奸犯和“坏蛋”。[17]

最近，有些美国人在参加“速成课程”，学习这种愚蠢带来的后果。2017年2月9日，美国中西部一个城市的一家墨西哥餐厅中深受爱戴的经理卡洛斯，被美国政府擅自“扣押”，然后被带离他的家人和社区。当月的晚些时候，一位支持驱逐非法移民的居民说出了很多人的心声：

> 也许，这更应该是个案。这种事情很难说是极端案例，因为可能有卡洛斯这样的人。[18]

没错。但是，如果这位先生和他的同胞对墨西哥人有足够的了解——或者有足够的道德想象力——那在卡洛斯被驱逐之前、在他的家庭被摧毁之前、在他的社区被夺走一位已在此生活10年的模范市民之前，难道他会愚蠢到不去弄清楚这件“极端”的事情?

3. 多样性会让我们有机会增强个人的复原力。如今，我们有些人确实需要复原力。就在这届政府上台11天后，《每日秀》时任主持人乔恩·斯图尔特在节目中说：“总统制应该让总统变老，而不是让民众变老。”[19]现在想到这句台词，很多人仍会笑出声来，我也是其中之一。

2017年总统就职典礼之后的那几个月的痛苦时期，我感觉自己更像是玛士撒拉那样的老寿星，而不是一个七旬老人。我心想：“这是真的吗？我就这样走出去，每天痛苦地看着尊严、体面、民主和真理受到攻击，碾碎我的士气，让我羞于做一个美国人？”

我和朋友们交谈。他们——以及他们的祖辈——自出生之日起就是这些攻击的目标，但他们没有被吓到。我开始重新拥有了复原力。

我的那些穆斯林、墨西哥人和非裔美国人兄弟姐妹，已经培养出一种我们每个人都能运用的精神“炼金术”。它可以将政治恶行的“渣滓”变为政治行动的“黄金”，让我们恢复活力，成为我们都应成为的“参政公民”。我关心的这些人，将新一轮的灵魂攻击视为加倍努力的理由，而不是放弃的理由；他们是我复原力的源泉。

4. 多样性会让我们更有机会享有这“人间喜剧”的益处。跨文化误解并不总是灾难。有些误解会带来疗愈作用和赋予活力的幽默。

有一次，我在一家“犹太社区中心”发表演讲；该中心位于漂亮的花园内，是为纪念大屠杀中牺牲的犹太人而修建的。我安静地坐在那里，半个小时后，我见到了中心主任。我对他说，我在这里看到犹太人民所遭受的痛苦及其复原力，深受感动。

他告诉我说，该中心也致力于让人们看到不同宗教友好相处的重要性——这意味着雇用有着不同宗教信仰的员工等等。他接着说道：

> 有时候，这会带来笑声和友爱的时刻。最近，我们招聘了一位非犹太教信徒的前台接待。我们告诉她，接听电话时，要说："犹太社区中心——Shalom。"她接听第一个电话时，我碰巧在办公室，只听见她说："犹太社区中心——Shazam!"

这类故事所包含的善意和友爱，坚定了我的信心：只要我们的人性完好无损，我们就可以在多样性"前线"上度过这些危险的日子。

最近，我听到了帕特·布坎南接受的一段采访：这位曾经位高权重的政治人物，一直梦想着让美国回到以白人、欧洲人和基督教文化为主导的那些日子。自然，他非常乐于见到现任政府"成功地"推动了他的计划，对我们的第45任总统大量的个人瑕疵和一系列的政治失败没有感到丝毫忧虑。

记者问他："为什么多样性对这个国家来说是一个问题？"这位曾三次参选总统的"有志之士"回答说："是这样，这也许是个人喜好。我会感觉更舒服。我是一个内向的人，和从小一块儿长大的人在一起，我感觉更舒服。”[20]

现在你明白了吧？这才是真实想法，隐藏在野心勃勃、花言巧语的“让美国再次伟大”这句口号之下的真实想法。帕特·布坎南及其政治伙伴，想让这个国家为他们提供一个同质化的——其实是“种族主义和仇外主义”的“舒适区”，从美国东海岸到美国西海岸。

布坎南先生是我的同龄人。我认识很多像他那样顽固不化、感到恐惧的老年白人。对于他们，我感到一丝遗憾。但是，伙计们，你们要顺应潮流：到21世纪中叶，欧洲裔白种美国人占美国人口总数的比例将低于50%。[21]

我奉劝你们这些抱着“美好旧时光”梦想不放的人——至少对你们是“美好旧时光”——继续沉睡、继续做梦。我们其他人会保持清醒，帮助“接生”重生的美国，希望此刻全国性的“恶心”只不过是我们国家在“孕育”变革的又一症状。

只要细心呵护，美国就可以像我的朋友指给我看的那片被复原的草原，充满多样性的生命、活力、创造力、复原力以及愉悦心灵的各种质地和色彩。每当想起那段记忆——或走进那段社会现实——我就会头脑清醒、心胸开阔、精神焕发，我在这美丽地球上又找到了家的感觉。

寻找庇护所

小时候，“庇护所”对我而言只意味着一个地方。那是一个宽敞的屋子，有彩色玻璃窗和坚硬的木凳，我的家人每到星期天都要去那里做礼拜。在我们家，去教堂做礼拜是一件别无选择的事情，因此，我就是在那个庇护所学会了祷告——祈祷礼拜仪式快点儿结束，祈祷上帝让我的家人离开。我还学到：并非所有的祷告都会得到应允，不管它有多么虔诚。

在这个既美丽得让人惊叹又残酷得让人震惊的世界里生活80年之后的今天，对我来说，“庇护所”就像呼吸一样必不可少。有时，在教堂、修道院和其他正式指定的“神圣的”地方，我找到了“庇护所”。但更多的时候，我找到的“庇护所”，是那些对我的灵魂而言神圣的地方或方式：大自然，挚友相伴，独处或共处时的宁静，一首精美诗歌或优美歌曲中的氛围。

不管什么地方，只要能给我安全的空间，让我恢复我的航向、赎回我的灵魂、愈合我的创伤，然后作为一个创伤愈合者重返这个世界，它就是我的“庇护所”。它不只是躲避暴风雨的地方——它是精神幸存的地方，是坚持下去的动力。今天，对我来说，寻找“庇护所”同小时候去教堂做礼拜一样别无选择。

我们生活在文化暴力之中。即使我们不像痴迷枪支的很多美国人那样，每天都要冒身体受伤或死亡的风险，但我们的灵魂也在被这种文化暴力无情地攻击：噪音、狂乱、消费主义、部落主义、同性恋恐惧、厌女症、种族主义等等。对于这些攻击，我们普遍“脱敏”，感觉变得迟钝。为了继续正常生活，我们将它们“正常化”，而对“庇护所”的需要漠然置之。但是，威胁我们灵魂的一切，依然会让我们高度“过敏”，这种情况时常发生。

我的抑郁曾三次发作，就是这样的“情况”。在那漫长的几个月里，我把自己关在屋里，拉上窗帘。有朋友叫我多出去走走，我对他说：“我做不到。我感觉，这个世界到处都是刀子。”

我的精神处于脆弱状态，哪怕是寻常的碰面，也会觉得危险；无意间听到当天的新闻，也让我觉得自己完全不适合生活在这个世界。我夸大了生活的危险性，低估了自己的复原力。不过，当我回想那段“黑暗的旧日时光”时，那段我的世界到处都是利刃的旧日时光，提醒着我：在文化暴力中，死于“千刀万剐”是多么地容易。

应对文化暴力，人们有不同的方式。有些人选择逃避，比如，皈依“出世”的宗教或政治信仰。但这种方式的结局，几乎都是日益加剧的自我孤立、四面受敌的“围城心态”以及妄想症：“这些人”或“这个政府”总想控制我们、摧毁我们的生活方式。今天，这种人并不少见。

有些人跳入美国狂乱的“舞池”中，攫取财富、权力或名声，为这个世界的暴力做出“贡献”。这种人也相当常见，尽管不断有人警告。比如，早在大约200年前，华兹华斯就警告说：

我们让这世界不堪重负；过去到将来，
我们攫取、挥霍，糟蹋着自己的能力：
对自己的本性，我们一无所见、迷失；
为了污秽的利禄，把自己的灵魂出卖。[22]

而有些人会努力唤醒我们的文化，让它回归理智，让这个世界变得更美好。然而，即便是这些渴望改变文化的人，也会被卷入这种文化暴力：我们生活在文化暴力中，文化暴力存在于我们体内。借用托马斯·默顿的话说：

当前，有一种暴力在弥漫；理想主义者……最容易屈服于它：过度进取、过度劳累。现代生活的匆忙与压力，就是一种，可能也是最常见的一种内在暴力。放任自己迷失于大量冲突的关切，妥协于太多的要求，致力于太多的计划，渴望帮助每个人、每件事，这些都是屈服于暴力的体现。不仅如此，这些也是与暴力合作的体现。这些过度进取者的“疯狂”，会抵消自己的工作……它会毁掉自己工作的成果，因为它会消灭带来工作成果的内在智慧之根。[23]

默顿说出了我们内心最深处的一种需求：保护和培育带来工作

与生活成果的“内在智慧之根”。有了这叫作灵魂的根的滋养，我们既不需要逃离这个世界，也不需要“剥削”它。相反，我们可以带着这个世界（和我们）的瑕疵去爱它，去追求人类最美好的可能。

我们可以带着瑕疵生活，只要我们知道何时、何处去寻找“庇护所”，为了爱这个世界而赎回我们的灵魂。有了“内在智慧之根”的滋养，一个人就不太可能被过度进取和过度劳累所扭曲。一旦明白这一点，我们就接近非暴力的本质——这是我们超越和改变文化暴力的唯一可能的方式。

我想到这一点，是在2011年3月，我参加由众议员约翰·刘易斯带领的、为期三天的年度“国会民权朝圣之旅”时。[24]第一天，我们参观了位于亚拉巴马州伯明翰市的民权运动旧址；第二天，我们参观了位于蒙哥马利市的运动旧址；第三天——“血腥星期日”46周年纪念日，我们在约翰·刘易斯的再次带领下，步行通过了塞尔马市的埃德蒙·佩特斯大桥；1965年，时年25岁的他也曾这样做过。[25]

这次朝圣之旅，有两件事情，让我对我们重温的这段历史深受触动。第一件事情，是有那么多年轻人接受过非常好的非暴力熏陶，面对仇视他们的维护“公共安全”的警察的猛烈攻击，他们能够坚持，没有还击。他们没有屈服于我们的文化暴力，而是将原本会成为“武装冲突”的抗议变为一次道德见证，从而改变了这块土地的面貌和法律。

第二件事情，是我们参观的那些民权运动旧址，大部分都是小时候让我坐立不安的那种“庇护所”。在这些“庇护所”里，一代代的非裔美国人播下民权运动的种子，在20世纪中叶绽放出绚烂的花朵。特别触动我的，是塞尔马市的布朗非洲卫理公会大教堂。[26]正是在这个地方，和平抗议者们计划了第一次步行通过埃德蒙·佩特斯大桥——在大桥的另一端被血腥镇压、伤痕累累之后，也是在这里获得庇护。

作为一个渴望非暴力生活的人，如果想让文化暴力松开对我的束缚，我就需要“庇护所”。我也知道，“布朗大教堂”有很多。我所需要的，也许不是一幢建筑，而是宁静、森林、友谊、诗歌或歌曲。

写这篇随笔期间，我和我的好友及同事嘉莉·纽坎玛有过一次长谈。几个星期之后，她寄给我一首名叫“庇护所”的歌曲——那次长谈之后，她写了这首歌曲。对我而言，这首歌曲已经成为我的一个“庇护所”。但愿它对你也有如此的作用。

冬季的森林

冬季的森林，在冷峻的河边，
我们可以看见它两次——
一次，它刺破脆弱的天空，
一次，它在水下优雅舞动。

空中的树木，粗犷而原始，
树枝如瘦骨，模样粗陋——
水中的树木，在微光中闪烁，
支离破碎，如在梦中，
幽暗而模糊，但更有活力，
站在我们眼前的，僵硬又冰冷。

我们柔和的双眼，是冷峻的溪流，
可以看见这个世界两次——
一次，在我们的大脑之外，
世界已冻得发硬，如冬天般死寂；
一次，在我们宁静的心湖之下，
世界在起伏荡漾、闪闪发光。

当河流被搅动，或被冰覆盖时，

我们不会看见这个世界两次——

然而，在那里，

在那被遮蔽的溪流之下，

世界比我们理解得更有活力、更可爱，

等着，一直等着我们看见。

——帕克·帕尔默

内心接触：保持与灵魂联系

引　言

有些人不知道“内心接触”是什么意思，尽管数千年来，这个世界的传统智慧一直在绘制通往灵魂的各种道路。他们不知道，不是他们的责任。从小学到研究生院，我们几乎没有受过任何内心之旅的指导，尽管苏格拉底——教育的守护神——将自省视为开启有价值人生的钥匙。

年轻时，我们全身心地接触外部世界，即使没有内心生活，也可以短暂地感受“活着”。但是，当我们经历衰退和失败时——任何年龄都有可能，衰老后更是无从避免——如果缺乏内心资源，我们就可能提前感受“死亡”。不过，并非一切都已失去。正如诗人里尔克所言：

> 你尚未死亡，现在还不太晚，
> 敞开你的内心，与它们融合。
> 在生命中畅饮，
> 它在那儿悄然地显现。[1]

我所说的“内心生活”是什么意思？它是指一种宁静的、独处的反思过程，帮助我们找回“存在根基”，让我们根植于比我们的自我更广博、更真实的东西。只有这样，我们才能客观地看待自己的生活，接纳自己的阴暗与光明，超越那些常常随衰老而至的悔恨和恐惧，与自己和解，享受诗人斯坦利·库尼茨所说的内心的“损失盛宴”[2]。

当然，内心之旅也有诸多挑战，因此，我们有些人不愿意踏上这个旅程。我们走入内心，就不得不面对我们的“魔鬼”，在黑暗中长途跋涉，看不见隧道尽头的亮光。

对于这段旅程的挑战和回报，作家安妮·迪拉德做出了精彩的总结：

> 内心深处，有着心理学家警告过我们的暴力和恐怖。但是，如果你驾着这些怪兽往深处去，如果你随它们坠落到世界的边缘，你会发现科学所无法定位或命名的东西：基质，漂浮着其他物质的海洋、矩阵或以太。它们赋予善以善的力量，赋予恶以恶的力量，而这统一的场域，是我们对彼此、对共同生命复杂而难以言说的关怀。这是天生的。它不是习得的。[3]

如我在序曲中所写，衰老只是无所失去的代名词。如果真是这样，那冒险深潜内心，就应该因为衰老而更加容易。这是我们必须要冒的风险。优雅地衰老和死去，如同其他所有值得做的事情，需要训练——训练越过边缘、迈向“基质，漂浮着其他物质的海洋、矩阵或以太”。

本章的第一篇随笔《接纳人性弱点》探讨的是：学会接纳我们人性中的一切——善、恶与丑陋——把它们当作给我们教训的老师。我们也许会对着上苍叫喊："以神圣的一切之名，请不要再给我学习的经历！"然而，我们的年龄越大，我们的人生会因为年轻时未曾学习的那些教训而变得越丰盈。

《为我的同谋而忏悔》主要讨论的是：一个根植于白人至上的社会中的白人问题。在本文中，我不是要展开忏悔之旅，而只是要揭露一种社会病态的内在根源；这种病态，如果任其发展、不加以揭露和治愈，像我这样的人就会继续成为这个问题的一部分。美国最急需治疗的疾病，莫过于种族主义——它会引发非理性的恐惧，继而引发最丑陋的政治恶行。只要我还有一口气，我就要成为解决办法的一部分。这需要我仔细审视自己的内心，并消灭在那里发现的所有"病原体"。要帮助治愈这个世界，我必须先治愈自己。

丢掉自我保护的幻想，有意识地融入种族主义、死亡等现实，这样做，我们常常会体验到自己竭力远离的心碎感觉。《破裂的心与新生的希望》指出，破裂但未破碎的心拥有变革的力量。破裂的心是精神"炼金术"的场所，在这里，痛苦经历的"渣滓"被化为智慧的"黄金"。而要做到这一点，需要的只是训练、训练、再训练！

《悖论的季节》所讨论的是：我们能向秋天学到什么。秋天，我们周围所见的凋零和死亡，其实是在播撒重生的种子。自然界的秋天提醒我们：我们人生之秋所体验到的"小死亡"，与我们越过人生边缘时的"大死亡"，对于新生而言都是必要的。

《阿巴拉契亚之秋》是我在一个美丽的10月的下午，在肯塔基州阿巴拉契亚山脉的一座山上——当地人称之为“山头”——所写的一首小诗。古老的群山包围着我，让我客观地审视自己的人生，带领我踏上无言的内心之旅，直到这首诗歌的到来。

接纳人性弱点

客　栈

人的存在，是一家客栈，
每天清晨，都有新客到来。

喜悦、悲伤、吝啬、
某种片刻的意识，
都会前来，如不速之客。

请欢迎和招待每一位客人！
即使他们是一群悲伤之徒，
凶猛地劫掠你的客房，
把里面的家具一抢而光，
请依然善待每一位客人。
或许，他们是在帮你清理，
为了给你某种新的惊喜。

阴暗的思想、羞耻和怨恨，

请在门口对他们笑脸相迎，

邀请他们进入房内。

无论客人是谁，都要心怀感激，

因为，每一位都是上苍派来的向导。

——鲁米[4]

第一次读到《客栈》这首诗歌时，我就有一种肯定的感觉：这首诗歌是鲁米专门为我而写的，仿佛他一直在阅读我的笔记。对我来说，他诗歌中提及的那些感觉——“悲伤、吝啬”“阴暗的思想、羞耻和怨恨”——都是拜访我的“常客”。

鲁米告诉我们要开门欢迎这些“不速之客”，但在我的经历中，根本不用开门欢迎。如果门没有打开，他们就会破门而入、破窗而入，或是像“反派的圣诞老人”顺着烟囱爬进来。

一旦他们进来，我可不想遵循鲁米的那个建议，“欢迎和招待每一位客人”。相反，我会把他们赶走，如画家沃尔特·西克特曾对一位烦人的访客所说：“你得在你忙碌的时候再来。”[5]

鲁米强调，我们不但要欢迎这些讨厌的客人，而且，“无论客人是谁，都要心怀感激”。他还说即使他们“凶猛地劫掠你的客房/把里面的家具一抢而光”，也许他们“是在帮你清理/为了给你某种新的惊喜”。

很长一段时间，我都以为鲁米的意思是“这些恶感会过去，快乐的感觉会取而代之”。但后来，我突然明白：即使这些破坏者在糟蹋我的客房，他们的存在，本身就标志着我是一个人。如鲁米所言的“人的存在，是一家客栈”这一事实，让我和所有坦露并接纳自己人性弱点的人站到一起。对我而言，因为它，我感到安心：在通往没有尽头、有时充满危险的、使我成为更完整的人的道路上，我拥有很多同伴。

甘地为其自传取名为《自传——我体验真理的故事》。[6]体验是学习的方式；很多体验都会失败。如果你进行人生“体验”，即使失败，也只是个人的失败；有些失败，还是壮美的失败。然而，正如所有科学家所知，我们从失败的体验中学到的，往往在比成功的体验中学到的更多。

特拉普派修道士托马斯·默顿是我心中的圣人，即使他因为基督教会标准之下的那些壮美的“失败”而不可能被其所在教会封为圣人。默顿不但在基督教之外的道教和佛教中找到了智慧和慰藉[7]，还在人生的尽头深深地爱上了住院期间看护他的那位护士。

在那漫长而痛苦的一年中——默顿的生活变成了被糟蹋的“客栈”——他的内心都在斗争：是否离开修道院，娶那个他深爱的女人？[8]最终，他做出了痛苦的决定：恪守他的修道誓言。然而，默顿的一位好友告诉我，痛苦消失之后，默顿对这次亲密的“体验真理”的经历说过一句非凡的话：“我终于知道，除了爱上帝，我还能爱别人。”

这位世界知名的神秘主义者说出这句话，多么让人惊叹！他实际上是在说："与爱一个人相比，爱上帝是小事一桩。做人比做神更难。"默顿已经明白了作家约翰·米德尔顿·默里所说的这句话的意思："对一个好人而言，意识到做完整的人好于做好人，就是走上了一条狭窄的道路；相比之下，他以前的正直只是花哨的许可证。"[9]

这条道路，就是通往整全的道路。这是一条将我们带向成为完整的人的道路，一条那些愿意一次次跌倒又一次次站起来的人才会选择的道路。做人、做完整的人，是值得庆祝的事情，如默顿在一篇日记中所记述的他在肯塔基州路易斯维尔市中心所获得的顿悟：

> 在路易斯维尔，在第四大街和核桃大街的路口，在购物城的中心，我突然获得一种顿悟：我爱这些人、所有的人；我属于他们，他们属于我；我们彼此陌生，但并不疏远。就像是从梦中醒来，那个在特别的世界——出世的、所谓圣洁的世界——彼此隔离的梦、因为错误观念而自我孤立的梦……摆脱虚幻差异的束缚，这种感觉是那么地轻松、那么地愉悦，我差点儿就要大声笑出来。我想，如果表述为文字，这种愉悦应该是："感谢上帝，感谢上帝让我明白，我和其他人一样，我只是其他人中的一个。"[10]

有一次，我向我的朋友、一位值得信赖的咨询师——借用神学家内尔·莫顿的说法，是一个知道如何"聆听、交谈"的人[11]——讲述了我的一个弱点，他对我说的话，让我永生难忘："欢迎来到人类世界。”我这位朋友，没有因为我的“跌倒”而心生反感。他早就听说过，他自己也曾“跌倒”过，对于我的那些神学家霍华德·瑟曼所称的“人性弱点”[12]，他感到高兴和欢迎。

今天，有人同我分享他们的“破碎性”的时候，我的首要目标，是营造安全的空间，让他们能够说出他们过去认为难以启齿的一切——然后如神学家保罗·蒂利希所说，学会“接受他们被接纳这一事实”[13]。我的最终目标，是基于我的人生经验，能够对他们说：“欢迎来到人类世界。”

这句话可以拯救我们，摆脱鲁米“客栈”中提及的那些“悲伤之徒”来访时所带来的孤立感。这句话帮助我们忠实于自己的使命：在这个只有怀着敬畏和尊重接纳人性弱点才能生存和成长的世界里，成为一个完整的人。

为我的同谋而忏悔

针对有色人种的白人暴力再次爆发后，我的朋友杰瑞·科隆纳发了一条推特，推文是关于他反抗美国政治局势的慈爱冥想——或佛教徒所说的“慈心禅”。没错，就连好人也发推特。

他在开头写道：“我向圣方济各忏悔……求主赐予我平和，不要咬钩愤怒和恐惧。”读到这句话时，我心想：“杰瑞看穿了我的灵魂，捉了我的现行。”在我的宗教传统中，看见自己的缺点，只有一件事情可做：忏悔、祈求宽恕、宽恕自己，然后下次把事做对。

我的忏悔很简单。每天，我都愤怒“成瘾”，对我们这位傲慢自大、品行恶劣的总统的愤怒，对这位总统蓄意利用有害的白人民族主义的愤怒，对我认为真、善、美的一切遭受无休止攻击的愤怒。我还恐惧“成瘾”，但不是对我们的第45任总统希望我们恐惧的“他者”的恐惧。我恐惧的是这位总统，是他对美国和其他国家的兄弟姐妹、对美国民主、对世界和平、对地球所造成的伤害。

杰瑞没有说愤怒有什么不对，对此，我感到高兴。如果我对华盛顿发生的一切都不感到愤怒，我就会觉得自己变得愚蠢、麻木。我拒绝变成这样。因为愚蠢（包括我的愚蠢），我们才陷入这令人厌恶的、危险的混乱境地；如果麻木，我们就会继续混乱下去，而且会每况愈下。

愤怒本身不是问题。问题是愤怒“成瘾”——沉迷于某种情绪，这种情绪让你享受短暂的亢奋，但接下来让你感觉更糟糕，同时夺走你的健康，让你无休止地渴求再来一次。“成瘾”耗尽了我的精力，损害了我的健康。更糟糕的是，它转移了我的注意力，因而没有为目前发生的一切承担自己的责任。杰瑞下面这段“慈心禅”，道出了我的想法：

> 请赐予我智慧，让我看清自己潜意识里的偏见，因为这些偏见，我不经意间成为这场愈演愈烈的仇恨与冷酷犯罪的同谋。愿我永远牢记：仇恨和冷酷，与欢乐、希望和爱一样，已成为这场“美国实验”的一部分。这种经历，对我的意识而言也许是陌生的，但它已成为那些因为没有特权而无法享有金钱和权力的美国同胞生活的一部分。

有些人会说，杰瑞这是在号召一种徒劳的“自我鞭挞”。对于这种说法，恕难苟同。他这是在号召我们进行“自我反省”和“自我觉察”。这种号召，至少可以追溯至苏格拉底，他就认为，不自省的生活，是没有价值的生活。我还想做些补充：不自省的生活，对他人是一种威胁。

因此，我无数次地努力自省，自省我在白人特权及其带来的不公正与非人性上的同谋作用。像我这样的白人，如果忽视或否认这一点，就是在教唆和协助犯罪。

证据还不够确凿吗？很多事情，对白人而言非常容易和安全，但对有色人种而言，却变得艰难和危险——从汽车尾灯损坏而被要求靠边停车，到选择某些社区租用或购买房屋。做黑人总统，显然比做白人总统更危险。如果贝拉克·奥巴马说过任何一句我们的第45任总统说过的那些骇人言论，他的政治生涯早就“熄灭”了，他也早就颜面扫地。白人特权具有强大的力量。如果我们拒绝承认自己身上和我们文化中的这一现实，它的力量会更加强大。

然而，我需要更深入地忏悔，不应止于承认自己的白人特权。和很多白人一样，我潜意识里也隐藏着白人特权的观念。要想反抗这种有毒观念掀起的血腥浪潮，我就必须彻底清醒地意识到这一事实。

没错，我不属于也不支持三K党及其同类，他们的信念和行为邪恶透顶。但是，只看到这种最有害的白人特权的表现形式，就是在逃避。这样做，就免除了我这样的人反省现实的责任——我们国家的现实、我的现实。一个部分建立在奴役黑人基础之上的国家，怎么可能没有白人至上的文化基底？扎根于这种文化土壤中的白人，怎么可能不受到这种有毒物质的污染？

我仔细地、诚实地审视自己，发现自己有一种不易察觉但非常有害的白人特权心理。长期以来，我都有一种隐约的想法：“白人才是正常的”，白人的方式才是“正常的”方式；其他的所有方式都是“舶来品”，通常是“奇怪的”，甚至是“讨厌的”，有时还是“吓人的”。

我想，所有的亚文化都会认为其方式是正常的。但是，在一个建立在奴役黑人基础之上的国家，只有白人的这种虚幻观念才会得到支持。我们不需要“白人历史月”来颂扬白人对文明做出的贡献。我们不需要彼此激励、相信“白人才是漂亮的”。我们不需要宣称“白人的生命很重要”。在美国，在白人从第一天起就拥有至高统治权的美国，这一切，白人都是免费获得的。

在这个白人占少数的星球，认为“白人才是正常的”，这种傲慢自大让人感到震惊——同所有傲慢一样，它会扭曲我们的自我观念和世界观。例如，50年来，我一直在写书、发表演讲，借此警告人们：美国人将那些非白人、非异性恋者、非基督徒等身份的人视为“他者”，这种趋势是危险的。

然而，直到最近的20年，我才明白：我在许多人面前也是“他者”。对于那些不符合我虚幻“规范”的人，我曾将他们归类为“他者”。我不仇视也不恐惧他者，但是，只看见其他、看不见自己和自己“同类”身上的“他者性”，这条道路通向的，只能是优越感，甚至是更为丑陋的终点。

这一切，会让我因为自己生为白人而感到某种羞愧吗？当然不会。任何人，不管生而为谁，都不应感到羞愧。我感到羞愧，是因为我否认自己的白人身份给了我社会优势，让我的世界观变得扭曲和虚伪。因为否认，我无法承认自己的傲慢，无法戴上矫正“镜片”，无法全身心地加入消灭白人至上“瘟疫”的战斗。

像我这样的白人幻灭者还有希望吗？就我而言，这篇随笔传达的就是希望；一旦我们有了自我认知，为自己在造成不公正上所扮演的角色而忏悔，深入内心寻求办法释放更美的本性“天使”，希望这种美德就会在我们的心里扎根。

我的朋友瓦莱莉·考尔是一位民权活动家——也是律师、电影制作人和“锡克教徒正义”领导者——她所在的社群一直受到仇外暴力的伤害。她领导的“革命之爱计划”——构想一个爱是公共伦理和共同行动的世界——让我明白：有行动的希望是什么样子。[14]

在最新一期简讯中，瓦莱莉写道：“白人至上主义与美国这个国家一样古老。但我们‘革命之爱计划’的行动也是如此——每个爱的行动，都会激发新的行动。”接着，她对那些质疑者回应道：

> 人们说，爱是解决办法。如果你对此想要退缩，那我也会——我是一名律师。在美国，我们所说的爱，只是一种情感，一种我们有幸才会拥有的情感。如果爱只是一种美好的情感，那它自然是反复无常、多愁善感、转瞬即逝的，根本无力抵抗不公正。

通过女权主义者和有色人种女性的“透镜”——同时受到锡克教“武士圣人”信念的启发——瓦莱莉重新定义和复活了非暴力行动的伟大传统，对马丁·路德·金所说的“现在这极为紧迫的时刻”做出了回应。[15]

“革命之爱”并不浪漫，它是具体的、需要勇气的、严苛的爱。我让瓦莱莉给我讲解这种爱，于是，她借用了自己做母亲的经历——从死亡般的分娩痛苦，到一辈子温和而严厉地养育和保护所爱的孩子：

> 做母亲——我们每个人都具备的一种能力——可以帮助我们重新定义爱，它不只是一种情感，也是一种甜蜜的劳动。这要求我们“不要见外”，照料他们以及自己的伤口，表达和承受这种劳动带来的所有情绪：欢乐是爱的礼物；伤心是爱的代价；愤怒是我们保护所爱之人的力量。
>
> 选择践行这种爱的伦理，可以催生新的可能性。但要做到革命，就要从三个方向倾注爱：对他人、对我们的反对者、对自己。“革命之爱”是我们这个时代的召唤。

当我发现自己再次愤怒“成瘾”，没有将愤怒转化为保护自己所爱的能力时，我鼓足勇气问自己为何愤怒，只得到了一个诚实的答案。愤怒“成瘾”耗尽了我的士气、能量和勇气，让我免于接受践行“革命之爱”的挑战。

杰瑞·科隆纳让我觉醒，瓦莱莉·考尔让我充满活力。现在，我每天都要做两个部分的“自查”：

● 今天，我那“白人才是正常的”的错觉有何变化？

●我愿意冒险践行瓦莱莉所说的能够改变我们内心生活、人际关系和社会状况的武士圣人之爱吗?

当忏悔打开希望之门，当我们迈过此门时，下一步就是采取行动。如果你不明白有行动的“革命之爱”是什么，我强烈建议你签署“革命之爱宣言”[16]。签署之后，你就和这个运动连在一起，就能获得其资源——包括瓦莱莉·考尔的TED演讲和即将出版的书、教育课程、会议、电影和电视故事、各种行动计划以及关于这种新一代非暴力革命的训练和行动机会。

这个世界需要革命。美国需要革命。有色人种需要革命。像我这样的白人需要革命，也许大多数人都需要革命，如果我们希望为爱、真理和公正等事业奉献自己的生命。

破裂的心与新生的希望

一位门徒问拉比："《律法书》为何叫我们'把这些圣言放在心上'？它为何不叫我们把这些圣言放在心里？"拉比回答说："这是因为我们的心是关闭的，因而无法将这些圣言放在心里。所以我们只能把它们放在心上。它们会一直留在心上，直到有一天，我们的心裂开，让圣言掉入心里。"

——哈西德派故事[17]

做人，都会心碎。爱和信任辜负我们，曾经的意义源泉枯竭，梦想远去、遥不可及，灾难性的疾病袭来，或者我们珍爱的某个人死去，在这些时刻，我们都会心碎、痛苦。

面对痛苦，我们该怎么做？我们可能带着痛苦工作吗？我们如何将痛苦的力量转化为新生？如何回答这些问题，是至关重要的，因为面对痛苦时，如果我们不知道别的应对办法，暴力就会发生。

暴力不只限于伤害身体。只要我们侵犯了神圣的人性尊严——我们的尊严、他人的尊严——我们就是在施暴。有时，面对痛苦，我们会通过侮辱自己灵魂的方式麻木自己。我们求助于噪音、疯狂、无休止的工作和物质滥用，将它们作为麻醉剂，结果却让自己更加痛苦。有时，我们会施暴于他人，仿佛让他人痛苦就可以减轻自己的痛苦。这种疯狂的策略会造成残酷的后果，包括种族主义、性别歧视、同性恋恐惧、鄙视穷人等等。

国家也会采取暴力来回击痛苦。2001年9月11日，3000个美国人死于恐怖袭击。美国需要回击，于是制订了战争计划。几乎没有人去深究这一事实：我们最终攻击的那个国家，同攻击我们的那些恐怖分子并没有或几乎没有任何关系。我们遭受到痛苦，就必须对某个人、某个地方还以暴力，于是，我们发动了战争，结果付出了惨重的代价。这场以美国为首的侵略战争所造成的伤亡人数，保守估计高达50万—100万。[18]4500个美国人死在伊拉克，而那些幸运回国的人，很多都有严重的身心创伤，其中数千人自杀，也成为战争的牺牲品。[19]

面对痛苦，如果我们因为缺乏道德想象力而采取其他行动，我们就是在施暴。但是，我们也可以驾驭痛苦的力量、迈向新生——这种情况每天都在发生。我们都认识这样的人，他们痛失了生命中最重要的某个人。起初，他们陷入悲伤，觉得人生失去意义、不再值得活着。但随着时间的流逝，经过各种内心的“功课”，慢慢地，他们摆脱了出来，发现自己的内心变得更加宽广、更加有同情心。恰恰是因为这种失去，他们才培养出更加强大的接纳他人悲伤与欢乐的能力。

痛苦让我们伤心，但伤心有两种非常不同的方式。一种是脆弱的、会碎裂的心，爆裂时会“炸碎”痛苦者，有时还会像扔向表面的痛苦来源的“手雷”，将他人炸倒。

另一种是柔韧的心，只会破裂，不会破碎。这种心可以发展出更为强大的、容纳多种爱的能力。只有柔韧的心，才能容纳痛苦、开启新生。

怎样才能让我的心变得更加柔韧？我想，答案在于：让我的心做“伸展运动”，就像跑步者为避免受伤而拉伸腿部肌肉一样。经常做“伸展运动”，我的心就不太可能破碎成“炮弹”碎片，而更有可能破裂、变得开阔。现在，因为衰老，我失去的东西越来越多，因而我的心拥有越来越多的“伸展”机会。归根结底：接纳，接纳一切。

每当我无须“麻醉剂”就能接纳人生中的“小死亡”时，我的心就会得到“伸展”：友谊的终结、对我作品的卑劣批评、重要任务的失败。通过接纳人生中的“小欢乐”，我的心也能得到“伸展”：陌生人的小善意，唤醒儿时记忆的远处传来的火车声音，我捂脸“藏起来”又打开手露出脸来时一个两岁儿童发出的有感染力的咯咯的笑声。接纳一切——不论好坏——就是一种“伸展运动”，会慢慢地让一颗心从拳头紧握变成手掌张开。

一个国家是否也有一颗能够柔韧得不用暴力回应集体痛苦的心？我很怀疑。不过，既然我只是不太确信——如果没有坚持思考这个问题，我永远也不会确信——我就不会屈服于愤世嫉俗。现实世界有着太多的事实和可能，足以让我充满希望。[20]

还记得吗？2001年“9·11”恐怖袭击事件发生后的那几个

星期，全世界的人都和我们站在一起。他们说：“今天，我们也是美国人。”因为他们曾经也遭受过痛苦，比我们更大的痛苦。“9·11”恐怖袭击事件之后的那些日子，如果我们能够接纳全世界汹涌而来的同情，也许我们就会考虑其它的回击办法，而不是选择当时很多人提议的战争。已故的神学家、活动家威廉·斯隆·科芬说：

> 我们要回击，但不是以同样的暴力方式。我们不要用其他地方无辜者的死亡，来为死去的无辜美国人报仇雪恨，否则，我们就会成为自己唾弃的那种人。我们要拒绝以暴制暴的恶性循环，因为这只会带来更多的死亡、破坏和损失。我们要做的，是和其他国家联合起来。我们将分享情报、冻结资产、强制引渡被国际制裁的恐怖分子。我们将竭尽所能，让正义得到伸张，但只能以法律的力量，绝不能以暴力的法则。[21]

这个倡议的目的，是将痛苦转向新生。可悲的是，作为一个国家，我们缺乏道德想象力、缺乏接纳的心，没有对我们的痛苦做出其它方式的回击，而是采取了大规模的暴力。因此，今天我们生活的世界，正在应验科芬“更多的死亡、破坏和损失”的预言。我担心，我们已经走得有些远，成为我们“自己唾弃的那种人”。

在个人生活和公共生活中，我们有能力采取其它方式来回击痛苦。我们愿意采取那些方式吗？这取决于我们是否愿意“伸展”我们的心——个人的心、集体的心——这样，痛苦袭来之时，它们才会破裂、迎接新生。

正因为如此，玛丽·奥利弗才送给我们下面这首令人心痛的诗歌——其标题所指的，是一种污染水体、毒杀野生动物的重金属——一首让我们的心“伸展”的诗歌：

铅

这里有一个故事，
让你的心破裂的故事。
你愿意听吗？
这个冬季，
潜鸟来到我们的港湾，
然后死去，一只又一只，
死因，我们不得而知。
一位朋友告诉我，
海边有一只，
高昂着头，
张开优雅的鸟喙，大声啼叫，
散发着香甜的生命气味。
如果你曾听见，
就知道，它是多么圣洁；
如果你未曾听见，
最好赶快去那里，
它还在高歌。
相信我，不要告诉任何人，
它在哪里。

第二天清晨，
这只潜鸟，
这只长有斑点的，
色彩斑斓的，
打算飞回家、
飞到某个隐秘湖泊的潜鸟，
在海边死去。
我告诉你这个故事，
是让你的心破裂，
我的意思是，
你的心裂开、不再关闭，
向着整个世界。[22]

悖论的季节

秋

树叶在坠落，仿佛坠落自高处，
仿佛高空之上的果园正在死亡。
每片落叶，仿佛都在示意说“不”。

今晚，沉重的地球正在坠落，
孤独之中，离开其他的星体。

我们都在坠落。这里的这只手在坠落。
再看看另一只手。一切都在它们之中。

然而，有某个人，他的双手，
无比镇静，托举着这坠落的一切。

——雷纳·玛利亚·里尔克[23]

在我的世界里，秋季是慷慨而美丽的季节。秋季也是持续衰退的季节——我们中的有些人，会慢慢地趋向感伤。日子变得更短、更冷，树木褪去芳华，夏日的丰盈开始衰败、走向冬日的死亡。

我是一个罹患忧郁症多年的患者。这些年来，我目睹美的死亡，秋日“色彩秀”带给我的愉悦，很快变成忧伤。我只看见夏季长成的鲜绿变成枯黄，任由死亡的前景遮蔽秋季及其感官上的愉悦赋予的活力。

后来，我慢慢明白一个简单的事实：外面发生的所有“坠落”，都充满着希望。种子在被播撒，树叶在被堆成肥料，大地在为新绿的复归做着准备。

现在，我在度过人生的晚秋，我发现大自然是一个可信赖的向导。随着时间的流逝，我很容易关注被“埋葬”的一切：关系破裂、失去干得不错的好工作、人生意义和使命感减弱。但我渐渐明白，就像秋季之于大地，人生也在为我们“堆肥”和“播种”；我已经看见，即使是在最艰难的时期，我们的内心也会种下希望的种子。

回望过去，我看见我失去的那个工作如何促使我找到真正属于自己的工作，“此路不通”的标志如何让我转向我乐于登上的高台，无法挽回的那些损失如何迫使我找到新的意义来源。这些经历，都给人某个东西在死亡的感觉，而且事实如此。然而，在深处、在这些“坠落”之中，总有新生的种子在被悄无声息地、慷慨地播种。

死亡蕴藏着新生，这一给人希望的观念，因为秋季的壮丽景色而得到强化。使用大自然所用的鲜艳而充满活力的调色板，艺术家会画出怎样的临终场景？也许，死亡有着某种优雅，某种害怕死亡、认为死亡丑陋甚至猥琐的我们所无法看见的优雅。死亡本身——如我们所知，具有毁灭性的力量——蕴藏着某种美的希望：我们该如何理解大自然的这句“证词”？

对于这个问题，我能想到的最接近的答案，是本书在前面援引的托马斯·默顿所说的那句话：“一切可见之物，都有着……内在的整全。”[24]

可见的自然世界，蕴藏着一个显而易见的伟大真理。美丽与衰退、光明与黑暗、生命与死亡，并不是对立面：它们是统一的，统一在“内在的整全”的悖论中。悖论的两个对立面，并非彼此否定——而是在真实深处的神秘统一体里相容相生。在更深处，它们为了健康而彼此需要，就像我们的健康取决于吸气和呼气。

我们生活的这个文化，更喜欢“非此即彼”的简易，不喜欢“彼此相容”的复杂，因此，我们很难保持对立面的统一。我们渴望没有黑暗的光明，没有秋冬迟暮的春夏芳华，没有死亡苦痛的生命欢愉。我们做的是“浮士德式的交易”，希望得到我们渴望的东西，但这些东西永远不会让我们富有活力，也不可能在艰难时期给予我们支撑。

如果我们害怕黑暗、害怕到希望24小时都有光明，那只能有一个结果：人造光明，刺眼而缺乏优雅；其边界之外的黑暗，我们极力躲避，却变得更加令人恐惧。彼此分离的黑暗或光明，都不适于人类居住。但是，当我们同时接纳两者、加入它们的“悖论之舞”时，光明和黑暗就会结为同谋，让我们变得健康而整全。

当我沉浸于有机的现实时——沉浸于光明与黑暗、坠落与上升之间永恒的相互作用时——我被赋予的人生，就和这蒙受恩宠的、优雅的世界及其轮回的四季一样，真实、多彩、丰盈而整全。现在的我，仍然会因为美被“埋葬”而感到悲伤，但秋季提醒我：要赞美这“原力”，这种永远更新着我、我们和自然世界里的一切的力量。

阿巴拉契亚之秋

我在这山头休憩，
周围是枯黄的草，
群山耸立，
是的，我不如这群山老。
但是，在这里，
在我73岁这一年的十月末，
我感觉它们和我同龄。
春夏的绿意，
已从树上褪去，
绯红、焦茶、琥珀色的树叶，
向着阴暗的天空燃烧。
带着美，
反抗这行将结束的，
又一轮爱与生命的循环，
在这长年充满苦难的景致里。

古老的地球接纳着一切，
既漠不关心，
又饱含同情。

这就是我要的人生，
我的失败和失去的机会，
在这阳光下，
都得到宽恕——
它们无足轻重，让我解脱，
复活成新生——
在通往死亡的道路上，
怀着感恩和赞美，
心里不再有悔恨。

——帕克·帕尔默

人生的另一边：我们死后去向何方

引　言

40多岁的某个时刻，我接触到“本笃会规”。这一精神典籍，由“本笃（约480—约550）所领导的、共同生活于修道院的修士们创立”[1]。该会规成为今天仍活跃在世界各地的社群本笃会的基础。[2]

本笃会的一个会规，是告诫修士们“每天都把死亡放在眼前”[3]。第一次读到这句话时，我感觉很不快。我为何要无视自己充满活力的、充实的生命，而去思考死亡？多年以后，现在的我知道，这个问题至少有两个不错的答案。

一个答案，来自本笃会修士大卫·斯坦尔德–拉斯特兄弟：

> 死亡的定局，是为了让我们决定，决定充分地活在当下，因而开启永恒的生命。所谓永恒，正确的理解，不是时间的永存、永续，而是用尚未死亡的现在去战胜时间。[4]

大卫·斯坦尔德–拉斯特兄弟所说的“永恒的生命”这个观念，我能接受，因为我理解了“充分地活在当下”的回报。无须等到死亡才会在某个天堂收获回报。关注此时、此地的一切，你立即就会得到回报——“至爱社区”就在我们中间。“每天都把死亡放在眼前”，这句话的正确含义，不是无视自己的生命，而是更透彻地看待生命。

我需要每天都把死亡放在眼前的第二个理由，来自我的经历。让我对生命心怀感激的——即使是在艰难的日子里——莫过于记住：生命是上苍赐予的、我不会永远拥有的、纯洁的礼物。激励我把它“传递下去”的，莫过于知道：拥有礼物的时候，就是分享礼物的时候。

本章的副标题是“我们死后去向何方”。请原谅这种不实的“广告”，关于这个话题，我的信息非常有限。如果这个问题有确切的答案，那就是我了解得不够。因此，本章只有两篇随笔和一首诗歌。

第一篇随笔《勇敢面对真实的自我》源自我的一个信念：要为死亡做准备，我们能做的最重要的事情，是活着的时候尽可能地展现真实的自我。如大卫兄弟所说，关键在于充分地活在当下、展现自己的一切、意识到自己的阴暗和光明。

第二篇随笔《荒野朝圣之旅》讲述的是我和我的妻子去明尼苏达州北部的“边界水域泛舟区”（BWCA）所进行的一次年度旅行。借用凯尔特基督徒的说法，“边界水域泛舟区”是我的一个“稀薄之地”——在这个地方，“两个世界之间的面纱”更加透明，可以窥见另一边的一切。我们死后会去哪里，我无法确切地知道，但我感觉“边界水域泛舟区”（也称“人间天堂”）就是我旅程的目的地。

《从远方挥手告别》是我写的一首小诗。一年之内，我有四位多年的好友相继去世，突然有一天，我有种特别强烈的感觉，于是写下此诗。他们去世时，我都未能陪在他们身边，我感到难过。但是，随着这首诗歌的展开，我渐渐明白：我的缺席，也许让我的朋友走得更容易，也许可以视为我送给他们的最后礼物。

勇敢面对真实的自我

在本书的前面部分，我曾引用过芙洛丽达·司各特-马克斯韦尔的一段话。在本书即将完结的时候，我想再次援引她的那段话："你只需要接纳所有的生活事件，让自己属于自己。当你真正悦纳自己的一切、悦纳自己所做的一切时……你就能勇敢地面对真实的自我。"[5]

写下这段话的时候，司各特-马克斯韦尔已是85岁高龄。第一次读到这段话时，我只有她一半的年龄，但我知道，她的这段话就是说给我听的。43岁的我，作为丈夫和父亲，每天都经历着成功和失败；作为一个社区组织者，我和种族主义战斗，却未意识到保护自己远离其恶行的白人特权"堡垒"；在成为作家的道路上，我被多次退稿，在一次次被击倒后恢复能量；抑郁第一次侵袭时，我差点儿"溺亡"，然后又"浮出水面"。

总之，我就是一个相当正常的人，一个复杂而矛盾、渴望整全的人。我渴望一种自己的成就能服务世界的人生——爱自己、爱他人的人生——我知道，要获得这种人生，我就必须"勇敢地面对真实的自我"。但我多么虔诚地希望，能有一条捷径，比司各特·马克斯韦尔建议的道路更容易的捷径。43岁的我，没有勇气"真正悦纳自己的一切、悦纳自己所做的一切"。

今天，我已接近80岁高龄，我清楚，通往整全没有任何捷径。要成为整全的人，唯一的道路是友爱地接纳自己的一切：自私与慷慨、怀恨与同情、怯懦与勇敢、背叛与忠诚。我们必须要能告诉自己、告诉整个世界："上面这些都是我。"如果我们不能接纳整全的自己——用有改变作用的爱接纳自己——我们就会囚禁隐藏在自己阴暗处的创造能量，就无法创造性地融入这个阴暗与光明交织的复杂世界。

当然，要说出、宣称、爱自己的整全，说起来容易，做起来难。自省是众所周知的人类痛苦的来源。但是，不自省，我们会更加痛苦。心理学家爱利克·埃里克森的成人发展研究指出，如果我们不能接纳自己的一切、自己所做的一切，我们衰老后就会远离"自我整合"，而走向"绝望"。[6]

看看周围的同龄人，我很容易发现后者的例子，看到其带来的可悲的后果。有些后果是个人性的：有些人极力否认自己的阴暗，但所到之处都带着阴暗、传播阴暗。有些后果是政治性的：有些人对自己觉得是"另类"的一切都感到恐惧，并把这种恐惧投射于"另类的他者"——而无耻的政客们操控着这种恐惧，玩着危险的"分而治之"的游戏。

但是，如果我们愿意严肃而诚实地自省、迈向富有同情的自我接纳，我们就会获得巨大的回报。如果我们能说："这一切都是我，既有光明，也有阴暗"，我们就会对自己的肤色感到更加自在，就会在这个富于多样性的星球上感觉更舒适，就更能接纳那些与我们同样破碎且整全的人，就更能拥有生命赋予者的人生。

如何学会怀着爱接纳整全的自己？下面这三个方法，我有时发现更有帮助：

1. 主动接触年轻一代。不是去给他们建议，而是向他们学习，从他们身上汲取能量，为他们的人生道路提供支持。爱利克·埃里克森将这种接触称为“创生”，以取代迟早会让人陷入绝望的衰老“停滞”。

2. 走进而非远离你恐惧的一切。有一个建议，我永远不会忘记。在一次拓展训练课上，在约30米高的绳降中途，我因为恐惧而呆立在岩壁上：“如果不能摆脱，那就走进它！”例如，如果你对“他者”感到恐惧，那就面对面地走进他的故事，随着同情的扩张，你的恐惧就会收缩。

3. 和自然世界相处，尽量多花时间待在自然世界里。大自然随时提醒着我：一切都有其位置，任何东西都不需要被排斥。森林地带的那些“杂乱”，如同我人生中的“混乱”——有着令人惊叹的整全与和谐。

我要深情地再说一次我的“真言”：整全是目标，但整全并不意味着完美——整全，意味着接纳破碎，把它作为人生不可或缺的部分。这一点，越早明白越好。这个真理，能够让我们得到解脱，享有美好的人生、爱与死亡。

我能想到的最悲哀的死法，莫过于临死时才发现：我活在这个世界上，从未展现过真实的自我。我能想到的最优雅的死法，莫过于临死时知道：我在这个世界上，已经尽我所能地展现过真实的自我，因为勇敢面对真实自我而享有自由且有爱的人生。

荒野朝圣之旅

慢 行

请让这片森林
陪你一起慢行。
坚韧的松树带着绿色
度过所有冰冻的季节，
长满苔藓的岩石
对时间的流逝漠不关心——
它们将教会你
怎样走完自己的人生。

林地覆盖物混沌而分形，
白色的银莲花。
带刺的野草与枯叶，
倒地的树枝和树干
像挑棍儿一样铺展——
它们将教会你
怎样活得自由而尽情，
大限到来之日

怎样滋养新生的根。

——帕克·帕尔默

在过去的20年里，每年8月，我和我的妻子都要拜访明尼苏达州北部的“边界水域泛舟区”。这片受联邦政府保护的荒野水域与加拿大接壤，面积约40万公顷。亲眼看见这个地方之前，我早就听一位朋友描述说：“不管你看什么地方，都像完美的日式花园。”他说得没错：岩石、森林、水域和天空，一望无际、错落有致。

许多个美丽的8月傍晚，我都待在“边界水域泛舟区”的一个湖上，白天的闷热潮湿退去，凉爽的微风吹拂，让我心旷神怡，也让水面泛着波纹。夕阳低垂，阳光沐浴着森林，给它抹上一层蜂蜜。松树、白杨、杂木、灌木和草丛，发出绿色和琥珀色的光，映照着卡明斯所说的“真实而梦境般的蔚蓝天空”[7]。

第一次来这片“天堂”度假时，我已年近六旬。它的简洁、美和宁静，让我大饱眼福、身心愉悦。从那以后，我每年夏季都会回到这里。起初，我心里想的，只是来此度假。但我很快意识到，我每年长途跋涉来到这“边界水域泛舟区”，是为了朝拜这个“圣地”，一个有疗愈作用的地方。

平常的日子里，遇到挫折的时候，我会在想象中来此朝圣。我闭上眼睛，看见自己徒步穿越阳光斑驳的森林，在微风吹拂的湖上泛舟，聆听令人难忘的潜鸟鸣叫，欣赏北极光的“宇宙戏剧”，或者，在寒冷而清澈的湖水温柔地抚摸着湖岸时偷听两个老朋友——

湖泊与陆地——之间的窃窃私语。

这片荒野成为我的疗愈之地，并不只是因为它的宁静，还因为大自然自我疗愈的那种坚韧、智慧和复原力，让我看见需要怎么做才能疗愈自己的创伤，然后以创伤愈合者的身份回归世界。看到荒野战胜灾难，我明白了痛苦可以成为更新的苗床。更重要的是，它给了我慰藉——在生命与死亡的伟大循环中，最后的胜利者总是新生。

1999年7月4日，一场强对流风暴——猛烈而快速移动的直线型风暴，生成内陆飓风——撕碎了这片“边界水域泛舟区”。[8]数以百万计的树木被刮倒，产生的易燃物引发了大量的火灾，在随后数年里又破坏了更多的森林。那场风暴过去一个月后，当我来这里进行年度“隐居”时，满目疮痍的场景让我心碎。我不知道，是否要留下，来年是否还会再来。但这里有种东西牵挂着我，让我每年都回来，因而有机会见证了重生。

在那场风灾之前，我最喜欢的一个徒步路线，是穿越一片茂密得让人感觉原始的森林。我知道那片与世隔绝的森林饱受了风暴和火灾的打击，因此，几年之后，我才觉得可以再去尝试穿越。穿越途中，我看见死亡蹂躏过的荒芜之地，已经充满新的生机。

曾经被树荫长期笼罩的土地，如今已洒满阳光，生长出大量的覆盆子和蓝莓、羽扇豆和紫菀。白杨的幼苗，像饥饿的少年一样疯长；今天，那场风暴已过去了20年，那些幼苗大都长到我的两倍高。横亘在这条路线上的那些巨石，如今看上去就像是乐烧陶器，经过森林“窑炉”的猛火烧制、上釉，微微散发着红色与褐色、金色与蓝色的金属光泽。

多年来，我一直问自己这个古老的问题：我该怎样活着？世界上那些伟大智慧传统的悠久道路，常常能带给我指引。然而，79岁的我，还会问这个问题：我该怎样死去？我能找到的最有用的道路，莫过于我在“边界水域泛舟区”所穿行的那些道路。正是在这个地方，我一次次地站在“人生边上”，窥一眼天堂。

将天堂描绘为一个封闭的天上“社区”，这样的神学，我不感兴趣。只和自己同类的成员共享永生，这听上去更像是地狱而非天堂。我也不相信这样的说法：我们死后，精神会脱离物质，然后过着脱离肉体的、幽灵般的生活。在我看来，精神和物质是紧密相连、不可分割的，是无差异的区分，是硬币的两面。如果肉体和大地没有被注入精神，我们和自然世界怎么可能拥有那么多的美、疗愈和恩典。

我早就知道自己有多么无知，因此，如果死亡为我准备了惊喜，我不会感到诧异。但是，在我所有的无知中，有两件事情我很确信：我们死后，身体会归于大地，大地知道怎样将死亡转化为新的生命。如果我那小小的生命像风和火一样终结，那让万物更新的那种“炼金术”也会转化我的身体，使我变成这片荒野的见证。如中世纪炼金术士所梦想的，渣滓将变成黄金。

我不愿意告别生命，告别助我成长的挑战，告别上苍慷慨赐予的礼物，告别我所爱的每一个人、所爱的一切。但是，我愿意为他人的新生尽微薄之力。正是这种希望，让生命的死亡有了价值。

20年来，我每年都要朝拜这个叫作“边界水域泛舟区”的圣地。这些朝圣之旅让我确信，诺威奇的朱利安说得没错：“一切都会安好，一切都会安好，万物都会安好。”[9]

从远方挥手告别

（致安吉、伊恩、文森特和约翰）

最近几周，他们一个个地离去，
他们的名字消失于稀薄的空气：
安吉，伊恩，文森特，约翰。

我曾和他们交谈，大笑，共事，
关爱彼此。如今，他们都已离去。
是的，他们不再活着——只是望着

世界继续旋转，没了他们的身影，
零落的悼词，颂扬着他们的名字。
过去，我常想：临死之时，

有所爱的人陪在身边，该多好。
如今，得知朋友突然离世，
我能做的，只是——

从远方挥手告别，直到他们，

看不见我，我感到欣慰。

隔空向他们最后致敬，真好，

不引起注意，不打扰他们的旅程。

这个旅程，我们都得孤独而行，

气喘吁吁，就像我在新墨西哥州的山里，

多次独行，不希望身边有人，

不得不说话；我能做的，只是

攀登，呼吸，然后停止——

惊叹于风景，想知道上面的样子。

——帕克·帕尔默

尾　声

我为何还要悲伤

我为何还要悲伤，
小径两旁的白杨，
随时都在舞蹈，
纤细如苗条的姑娘，
双臂摆动，
秀发飘扬，
和着山风的节奏，
扭动着臀部。
白杨之上，
天空梦境般蔚蓝，
只有城市隐去才能看见。
白杨之下，岩石斜坡，
铺满成堆的落叶，
还有倒地腐烂的树枝，
躺在一张爱床上，
那里有扁萼花
还有白色紫罗兰，
在一片葱茏中生长。

所有的大小岩石，

都找到最佳的睡姿，

那我为何还要悲伤？

这一切，都等着我，

最后踉跄倒地，

等着我加入这舞蹈，

和它们一起旋转、旋转——

在这个斑驳的、有歌声的、

舞动着的世界，

和着无声的音乐舞蹈。

——帕克·帕尔默

祝酒词二首

敬文字，敬我们活在文字中的方式……
愿这淡淡的符号、这发音，
能生成文字，化为肉身，
进入肉身无法进入的地方，
填满彼此的空虚。

敬我们，敬文字活在我们中的方式……
在文字的发音之间，
我听见你沉默而有声的灵魂，
一个人孤独栖息的灵魂，
无须言语让我们成为一体的灵魂。

——帕尔·帕尔默

致 谢

我们如何度过此生，就会如何衰老和死去。本书探讨的，不是蒙受恩典地老去。我的人生蒙受过恩典，但肯定谈不上优雅——我有过太多次跌倒、爬起来、再跌倒的经历。跌倒，是因为失足和重力；爬起来，是因为蒙受恩典。对那些恩典我心怀感激。

自1997年以来，我的好友和编辑雪莉·富勒顿一直是我的出版合作伙伴。我对雪莉永远充满感激，感激她对我的信任、敏锐的编辑慧眼以及不厌其烦地帮助我撑过漫长而乏味的写作过程。没有她，本书是不可能问世的。

我写的所有东西，我的妻子沙伦·帕尔默都会第一个检查，并带着艺术家的眼光阅读。我问她是如何编辑我的文字的，她回答说，“我会问三个问题：它值得写吗？写得清楚吗？写得漂亮吗？”我只问她一个问题：“我写的任何东西，如何才能通过你的检查？”对于沙伦，我充满无限感激——感激她高超的编辑技艺以及对我作为作家所表达的内容具有的直觉性的理解力，感激她与我分享对自然的热爱并因此丰富了我的人生和写作，感激她陪伴我一起老去。

才华横溢的唱作人、诗人和散文家嘉莉・纽坎玛是我的挚友和对话伙伴，她的感性让我极度珍视。本书探讨的主题，我和嘉莉已有过十年的对话，基于此，她送给我和我的读者们一份慷慨的礼物：她根据三篇随笔的主题创作了三首歌曲，可在网站NewcomerPalmer.com/home免费下载。嘉莉的音乐，使本书超越了纸面文字，进入只有优美音乐才能到达的境界。

考特尼・马丁对我的影响，贯穿本书始终。十年前，我认识考特尼时，她才20多岁，很快，我们就成了朋友和同事。我为她2010年出版的著作《只管去做》（*Do It Anyway*）写过书评，我称赞她是“我们这个时代最具洞见的文化批评家之一，最精致的青年作家之一”，我的这些预见之词已经得到事实的证明。我发自内心地感激考特尼，感激她为我所做的一切， 包括本书的书名以及给我的激励，激励我完成了本书的写作。

玛茜・杰克逊和瑞克・杰克逊是我30年来一直珍视的朋友和最好的同事。20世纪90年代，我们共同创建了“勇气与更新中心”（CCR），如今，“勇气与更新中心”的工作已经遍及全球。我找不到合适的言辞来表达我的感激之情，能与他们并肩前行，携手完成和关心有价值的事情，我是多么地幸运。

过去的20年来，我和玛茜共同促成了无数的“勇气与更新中心”隐修营，我们共同开创了针对年轻领导者和活动家的项目，这个项目丰富了我们的人生，也让很多年轻人获益匪浅。其间，我们对本书中的许多话题都有过持续的交谈。我对玛茜永远心存感激，感激她全神贯注地聆听、坦诚而开放地提出问题，感激她待人处事的细心与创意。

瑞克·杰克逊是我认识的人中最富同情心、最慷慨、最有社会责任感的人之一。他也是“勇气与更新中心”的一位笔友，细心阅读我的文稿并给出意见，帮助我修改、完善。这样的笔友还包括卡丽尔·凯斯本、开特·格林斯特里特、戴安·罗林斯和茱迪·史奇恩。能够称他们为朋友和同事，我感到非常自豪。我珍视他们给予我的评论和问题，鼓励和肯定。

克里斯汀·克莱文是我的继女，在与我共事过的人之中，她拥有最为犀利的文稿校读眼光。我要感谢她对本书给予的关心以及对本书文稿所做的细心梳理。

本书的许多沉思内容，为了行文连贯都进行了改写。这些内容最初见于“存真工作室”网站——该工作室是公共电台节目“存真”的制作方。我要向特伦特·吉利斯和我的挚友克丽丝塔·蒂皮特致以深深的谢意，感谢他们邀请我做每周专栏作家，让我有机会与作家们和读者们为伴，在他们的鼓励之下，我们享有了最精彩的网上对话。我还要特别感谢“存真工作室”的资深编辑玛丽亚·赫尔格森，感谢她非凡的编辑技艺，帮助我成了更好的作家。

最后，我要感谢三位友人。他们对于衰老的见识，远胜于我，他们是我老去时渴望成为的那种人。

乔伊斯·麦克法兰和迪克·麦克法兰夫妇拥有自然的力量，热心参与重大的社会问题，充满好奇心，好问问题，热诚帮助年轻人，慷慨，脸上总是洋溢着笑容和光彩。他们是本书讨论的那些最重要的品质的化身。

洛伊丝·鲍耶正站在人生边上，有着我从未见过的优雅。2017年10月，我前去参加她的100岁生日聚会。对我而言，这是一次愉快的经历。遗憾的是，本书尚未出版，她就离开人世；不过，得知书中会谈及此次聚会，她感到很高兴。在聚会中，洛伊丝问我最近在忙些什么，我告诉她在写这本书。她说："帕克，你还不够老，写不了关于衰老的书！"

因此，怀着谦卑的心情，我交出了这本书；我非常清楚，我没有资格写这本书！我只是非常幸运，能拥有那么好的家人、朋友和同事。过去80年的人生旅途，我无法找到更好的旅伴。

注 释

序 曲

1. Kurt Vonnegut, *Player Piano* (New York: Dell Publishing, 1980), 84.
2. Leonard Cohen, “A Thousand Kisses Deep,” *The Leonard Cohen Files*, http://tinyurl.com/y9bkha66.
3. Dylan Thomas, “Do not go gentle into that good night,” 参见: *The Poems of Dylan Thomas* (New York: New Directions, 1971).
4. William James, *The Varieties of Religious Experience* (New York: Cosimo Classics, 2007), 18.
5. 这句话是杜鲁门·卡波特的名言，用以贬低其他作家的作品。参见： Quote Investigator, http:// tinyurl.com/y8grfr55.
6. *Online Etymology Dictionary*, s.v. “Levity” (accessed January 13, 2018), http://tinyurl.com/ybbbyjrv.
7. G. K. Chesterton, *Orthodoxy* (New York: Simon & Brown, 2016), 95.

8. Leonard Cohen, “Tower of Song,” *The Leonard Cohen Files,* http://tinyurl.com/yaosaqzr.

9. “Invocation” from *Shaking the Tree* by Jeanne Lohmann. Reprinted with permission from Fithian Press, a division of Daniel & Daniel Publishers, Inc.

10. 这些随笔，有的首次发表于“存真工作室”博客网站。2014年10月5日以后我的博客文章列表，请登录：http://tinyurl.com/ybwmhkbe.

第一章　人生边上的风景：我在此处的所见

1. *Cambridge Dictionary*, s.v. “Brink” (accessed January 13, 2018), http://tinyurl.com/y8npy22z.

2. Oliver Wendell Holmes, *Holmes-Pollock Letters: The Correspondence of Mr. Justice Holmes and Sir Frederick Pollock*, 1874-1932, 2nd ed. (Belknap Press, 1961), 109.

3. Courtney E. Martin, “Reuniting with Awe,” *On Being* (blog), March 6, 2015, http://tinyurl.com/ybdjhwa9.

4. Florida Scott-Maxwell, *The Measure of My Days* (New York: Penguin Books, 1983), 42.

5. *Wikipedia, The Free Encyclopedia*, s.v. “Thomas Aquinas” (accessed January 11, 2018), http://tinyurl.com/npo9d4u.

6. “The World: Love” from *Czesław Milosz New and Collected Poems*: 1931-2001. Copyright © 1988, 1991, 1995, 2001 by Czesław Milosz Royalties, Inc. Reprinted with permission from HarperCollins Publishers, and Penguin Random House Ltd.
7. William Butler Yeats, “The Coming of Wisdom with Time,” Bartleby.com, http://tinyurl.com/hu9thkt.
8. Emily Dickinson, “Tell the truth but tell it slant—(1263),” Poetry Foundation, http://tinyurl.com/hh2cm5w.
9. Saul McLeod, “Erik Erikson,” *Simply Psychology* (2017), http://tinyurl.com/7svu5fu.
10. Lucille Clifton, “the death of fred clifton” from *Collected Poems of Lucille Clifton*: 1965-2010. Copyright © 1987, 1989 by Lucille Clifton. Published by BOA Editions. Reprinted with permission of The Permissions Company, Inc., on behalf of BOA Editions, Ltd., http://www.boaeditions.org, and Curtis Brown, Ltd.

第二章　老年与青年：代际之舞

1. Oliver Wendell Holmes, “The Voiceless,” in *The Complete Poetical Works of Oliver Wendell Holmes* (New York: Houghton, Mifflin, 1900), 99.

2. Nelle Morton, *The Journey Is Home* (Boston: Beacon Press, 1985), 55. 同时请参见："Nelle Katherine Morton Facts," *Your Dictionary*, http://biography.yourdictionary.com/nelle-katherine-morton.

3. Howard Thurman, *The Inward Journey* (Richmond, IN: Friends United Press, 2007), 77.

4. Courtney Martin, *Do It Anyway: The New Generation of Activists* (Boston: Beacon Press, 2013).

5. Parker J. Palmer, *The Courage to Teach: Exploring the Inner Landscape of a Teacher's Life, 20th anniversary ed*. (San Francisco: Jossey-Bass, 2017), 26.

6. Mohandas K. Gandhi, *Gandhi: An Autobiography—The Story of My Experiments with Truth* (Boston: Beacon Press, 1993).

7. Rainer Maria Rilke, *Letters to a Young Poet*, trans. Joan M. Burnham (New York: New World Library, 2000), 35.

8. Terrence Real, *I Don't Want to Talk About It: Overcoming the Secret Legacy of Male Depression* (New York: Scribner, 1998).

9. "The simplicity on the other side of complexity" 转引自：John Paul Lederach, *The Moral Imagination: The Art and Soul of Building Peace* (Oxford, UK: Oxford University Press, 2010), 31.

10. Diane Ackerman, *A Natural History of the Senses* (New York: Vintage Books, 1991), 309.

第三章　回归真实：从虚幻到现实

1. *Crossings Reflection #4: "The Sound of the Genuine," Rev. Dr. Howard Thurman, (1899-1981)* (Indianapolis: University of Indianapolis: The Crossings Project, n.d.), http://tinyurl.com/gmv2ux2. 更多信息，请登录： http://tinyurl.com/zbmyaqf.
2. Thomas Merton, *The Asian Journal of Thomas Merton* (New York: New Directions, 1975), 307.
3. Thomas Merton, *The Seven Storey Mountain, 50th Anniversary Edition* (New York: Harcourt Brace, 1998).
4. Herbert Mason, *The Death of al-Hallaj* (Notre Dame, IN: Notre Dame Press, 1979), xix.
5. Thomas Merton, *The Inner Experience: Notes on Contemplation* (San Francisco: HarperSanFrancisco, 2004), 4.
6. Thomas Merton, *The Sign of Jonas* (New York: Harcourt Brace, 1953), 11.
7. 我未能在玻尔出版的著作中找到这句话，不过，许多二次文献均认为它是玻尔所说的。其真实性得到玻尔的儿子汉斯·玻尔所写的一篇随笔《我的父亲》的证实："我父亲最喜欢的，是对两种真理所做的区分：深奥真理的反面也是深奥真理，而琐碎小事的反面显然很荒唐。"请参见： *Niels Bohr: His*

Life and Work as Seen by His Friends and Colleagues, ed. Stefan Rozental (Hoboken, NJ: Wiley, 1967), 328.

8. Thomas Merton, “To Each His Darkness,” in *Raids on the Unspeakable* (New York: New Directions, 1966), 11-12.

9. Rainer Maria Rilke, *Letters to a Young Poet*, trans. M. D. Herter (New York: Norton, 1993), 59.

10. Parker J. Palmer, *Let Your Life Speak* (San Francisco: Jossey-Bass, 2000), chap. 2.

11. 有关“勇气与更新中心”的更多信息，请登录：http://www.CourageRenewal.org.

12. Merton, *Asian Journal*, 338.

13. 同上。

14. Chinua Achebe, *Things Fall Apart* (New York: Anchor Books, 1994).

15. Thomas Merton, “Hagia Sophia,” in *A Thomas Merton Reader*, ed. Thomas P. McDonnell (New York: Doubleday, 1989), 506.

16. Thomas Merton, *The Hidden Ground of Love* (New York: Farrar, Straus & Giroux, 1985), 294.

17. Igumen Chariton of Valamo, *The Art of Prayer: An Orthodox Anthology* (New York: Farrar, Straus and Giroux, 1966), 20.

18. “Beliefnet’s Inspirational Quotes,” Beliefnet, http://tinyurl.com/osgyqke.

19. "The Guest House" by Jalal al-Din Rumi and Coleman Barks (Trans.), from *The Essential Rumi* (New York: HarperOne, 2004). Reprinted with permission from the translator, Coleman Barks.
20. Jonathan Montaldo, ed., *A Year with Thomas Merton: Daily Meditations from His Journals* (New York: HarperOne, 2004), 12.
21. Albert Camus, *Lyrical and Critical Essays* (New York: Vintage, 1970), 169.
22. Chuang Tzu, "The Empty Boat," in *The Way of Chuang Tzu*, ed. Thomas Merton (New York: New Directions, 2010), 114.
23. Parker J. Palmer, *A Hidden Wholeness* (San Francisco: Jossey-Bass, 2004), 55.
24. Montaldo, *Year with Thomas Merton*, 14.
25. William James, 转引自： Joseph Demakis, *The Ultimate Book of Quotations*, http://tinyurl.com/y9963758.
26. Thomas Merton, *The Sign of Jonas* (New York: Harcourt, Brace and Company, 1953), 37.
27. Aubrey Menen, *The Ramayana, as told by Aubrey Menen* (Westport, CT: Greenwood Press, 1972), 276.
28. Montaldo, *Year with Thomas Merton*, 16.
29. In Richard Kehl, *Silver Departures* (New York: Aladdin, 1991), 8.
30. Montaldo, *Year with Thomas Merton*, 13.
31. Dylan Thomas, "Do not go gentle into that good night," in *The*

Poems of Dylan Thomas (New York: New Directions, 1971).

第四章　工作与事业：书写人生

1. Mary Catherine Bateson, *Composing a Life* (New York: Grove Press, 2001).
2. Quote Investigator, http://tinyurl.com/yd5rl8k9.
3. George Orwell, *Why I Write* (New York: Penguin Books, 2005), 10.
4. 这句俏皮话的来源有争议。更多信息，请参见： Quote Investigator, http://tinyurl.com/y7db9qve.
5. *Wikipedia, The Free Encyclopedia*, s.v. "John Gillespie Magee Jr.: *High Flight*," (accessed January 11, 2018), http://tinyurl.com/yc9fhbc3.
6. Barry Lopez, *Crossing Open Ground* (New York: Vintage, 1989), 69.
7. Wikiquotes, http://tinyurl.com/yayymvwe.
8. Thomas Merton, *The Inner Experience: Notes on Contemplation* (San Francisco: HarperSanFrancisco, 2004), 4.
9. Thomas Mann, *Essays of Three Decades* (New York: Knopf, 1942).
10. José Ortega y Gasset, *On Love: Aspects of a Single Theme*

(Cleveland, OH: World-Meridian, 1957), 121.

11. Bateson, *Composing a Life*.

12. William Wordsworth, "Intimations of Immortality from Recollections of Early Childhood," *The Oxford Book of English Verse*, 1250-1918, ed. Arthur Quiller-Couch (Oxford, UK: Oxford University Press, 1963), 612.

13. Henry David Thoreau, *A Week on the Concord and Merrimack Rivers* (New York: Dover, 2001), 223.

14. Paul Engle, "Poetry Is Ordinary Language Raised to the Nth Power," *New York Times*, February 17, 1957, 4.

15. Robert Penn Warren, "Poetry Is a Kind of Unconscious Autobiography," *New York Times Book Review*, May 12, 1985, 9-10.

16. "To Hayden Carruth" from *Wendell Berry, New Collected Poems*. Copyright © 2012 by Wendell Berry. Reprinted by permission of Counterpoint Press.

17. Shunryu Suzuki, *Zen Mind, Beginner's Mind: Informal Talks on Zen Meditation and Practice* (Boulder, CO: Shambhala, 2011), 1.

第五章　外部接触：保持与世界联系

1. "Santos: New Mexico." Copyright ©1948, 1974 by May Sarton, from *Collected Poems 1930-1993* by May Sarton. Used

by permission of W. W. Norton & Company, Inc., and Russell & Volkening as agents for the author.

2. Will Oremus, “The Media Have Finally Figured Out How to Cover Trump’s Lies,” *Slate*, March 23, 2017, http://tinyurl.com/moj2tb4.
3. Anne Lamott, *Traveling Mercies: Some Thoughts on Faith* (New York: Anchor Books, 2000), 134.
4. Iris DeMent, “God May Forgive You (But I Won’t),” YouTube, http://tinyurl.com/yaqhfngs.
5. Sarton, “Santos: New Mexico.”
6. Parker J. Palmer, *Healing the Heart of Democracy: The Courage to Create a Politics Worthy of the Human Spirit* (San Francisco: Jossey-Bass, 2014). 获取本书相关的讨论资源和视频，请登录：http://tinyurl.com/hl4zhy9.
7. William Sloane Coffin, *Credo* (Louisville, KY: Westminster John Knox Press, 2004), 84.
8. “How Journalists Are Rethinking Their Role Under a Trump Presidency,” *Diane Rhem Show* transcript, November 30, 2016, http://tinyurl.com/hdykgaq.
9. Margaret Sullivan, “The Post-Truth World of the Trump Administration Is Scarier Than You Think,” *Washington Post*, December 4, 2016, http://tinyurl.com/zebmkrn.

10. Louis Nelson, "Conway: Judge Trump by What's in His Heart, Not What Comes out of His Mouth," *Politico*, January 9, 2017, http://tinyurl.com/h86donc.

11. D'Angelo Gore, Lori Robertson, and Robert Farley, "Fact-Checking Trump's Press Conference," FactCheck.org, January 11, 2017, http://tinyurl.com/z48vhdc.

12. US Department of Labor, Bureau of Labor Statistics, "Databases, Tables & Calculators by Subject: Labor Force Statistics from the Current Population Survey," January 11, 2018, http://tinyurl.com/zyq5xlx.

13. Steve Eder, "Donald Trump Agrees to Pay $25 Million in Trump University Settlement," *New York Times*, November 18, 2016, http://tinyurl.com/h6eqcq2.

14. Sarah Carr, "Tomorrow's Test," *Slate*, June 5, 2016, http://tinyurl.com/hwnr9vo.

15. Ruth Marcus, "Welcome to the Post-Truth Presidency," *Washington Post*, December 2, 2016, http://tinyurl.com/jrbd4gd.

16. *Wikipedia, The Free Encyclopedia*, s.v. "Sundown Town" (accessed January 11, 2018), http://tinyurl.com/q64z9t5.

17. Janell Ross, "From Mexican Rapists to Bad Hombres, the Trump Campaign in Two Moments," *Washington Post*, October

20, 2016, http://tinyurl.com/m3af2p2.

18. Monica Davey, “He’s a Local Pillar in a Trump Town. Now He Could Be Deported,” *New York Times*, February 27, 2017, http://tinyurl.com/jrz5eoc.

19. Frank Pallotta, “Jon Stewart on Trump: ‘We Have Never Faced This Before’,” *CNN Money*, February 1, 2017, http://tinyurl.com/ky9y78h.

20. Ira Glass, “The Beginning of Now: Act II—Who Tells Your Story?” *This American Life*, April 28, 2017, http://tinyurl.com/k3d6bdt.

21. Noor Wazwaz, “It’s Official: The U.S. Is Becoming a Minority-Majority Nation,” *U.S. News & World Report*, July 6, 2015, http://tinyurl.com/mtdpymf.

22. William Wordsworth, “The world is too much with us; late and soon,” Bartleby.com, http://tinyurl.com/yv5eaf.

23. Thomas Merton, *Conjectures of a Guilty Bystander* (New York: Doubleday, 1966), 81.

24. “国会民权朝圣之旅”是由“信仰与政治研究所”资助的一项年度活动。相关信息，请登录：http://tinyurl.com/y9wa7ct4.

25. “Selma, Alabama, (Bloody Sunday, March 7, 1965),” BlackPast.org, http://tinyurl.com/pwo7snb.

26. National Park Service, US Department of the Interior, "Brown Chapel AME Church," http://tinyurl.com/h5nu4ws.

第六章 内心接触：保持与灵魂联系

1. "Du siehst, ich will viel... /You see, I want a..." by Rainer Maria Rilke; from *Rilke's Book of Hours: Love Poems to God* by Rainer Maria Rilke, translated by Anita Barrows and Joanna Macy, translation copyright © 1996 by Anita Barrows and Joanna Macy. Used by permission of Riverhead, an imprint of Penguin Publishing Group, a division of the Penguin Random House LLC, and the translators. All rights reserved.
2. Stanley Kunitz, "The Layers," in *Passing Through: The Later Poems, New and Selected* (New York: Norton, 1997), 107.
3. Annie Dillard, *Teaching a Stone to Talk* (New York: Harper & Row, 1982), 94-95.
4. "The Guest House" by Jalal al-Din Rumi and Coleman Barks (Trans.), from T*he Essential Rumi* (New York: HarperOne, 2004). Reprinted with permission from the translator, Coleman Barks.
5. J. D. McClatchy, *Sweet Theft: A Poet's Commonplace Book* (Berkeley, CA: Counterpoint Press, 2016), 51.
6. Mohandas K. Gandhi, *Gandhi: An Autobiography-The Story of My*

Experiments with Truth (Boston: Beacon Press, 1993).

7. Thomas Merton, *The Asian Journal of Thomas Merton* (New York: New Directions, 1973).

8. John Howard Griffin, *Follow the Ecstasy: The Hermitage Years of Thomas Merton* (San Antonio, TX: Wings Press, 2010).

9. John Middleton Murry, 转引自： M. C. Richards, *Centering* (Middleton, CT: Wesleyan University Press, 1989), epigraph.

10. Thomas Merton, *Conjectures of a Guilty Bystander* (New York: Image, 1968), 153-154.

11. Nelle Morton, *The Journey Is Home*; “Nelle Katherine Morton Facts.”

12. Howard Thurman, *The Inward Journey* (Richmond, IN: Friends United Press, 2007), 77.

13. Paul Tillich, *The Shaking of the Foundations* (Eugene, OR: Wipf & Stock, 2012), 155.

14. 有关瓦莱莉·考尔及其作品的更多信息，请登录：http://valariekaur.com.

15. Georgia Keohane, “MLK, Civil Rights and the Fierce Urgency of Now,” *Time*, January 19, 2015, http://tinyurl.com/y75ez78c.

16. 有关该宣言的签署以及“革命之爱计划”的更多信息，请登录：http://www.revolutionarylove.net/.

17. 哈西德派的这个故事，是哲学家雅各布·尼德曼给我讲的。感谢他特意为我写下来，让我准确转述。

18. *Wikipedia, The Free Encyclopedia*, s.v. “ORB Survey of Iraq War Casualties” (accessed January 11, 2018), http://tinyurl.com/pqdrz85.

19. *Wikipedia, The Free Encyclopedia*, s.v. “Casualties of the Iraq War” (accessed January 11, 2018), http://tinyurl.com/ 77g7ave.

20. 关于这个话题，更多的内容请参见我的著作：*Healing the Heart of Democracy: The Courage to Create a Politics Worthy of the Human Spirit* (San Francisco: Jossey-Bass, 2011 and 2014).

21. William Sloane Coffin, “Despair Is Not an Option,” The *Nation*, January 12, 2004, http://tinyurl.com/ya5fnsuo.

22. “Lead” from *New and Selected Poems* by Mary Oliver. Published by Beacon Press, Boston. Copyright © 2005 by Mary Oliver. Reprinted by permission of The Charlotte Sheedy Literary Agency Inc.

23. “Autumn” from *Selected Poems of Rainer Maria Rilke*, a Translation from the German and Commentary by Robert Bly. Copyright © 1981 by Robert Bly. Reprinted with permission from HarperCollins Publishers.

24. Thomas Merton, “Hagia Sophia,” in *A Thomas Merton Reader*, ed. Thomas P. McDonnell (New York: Doubleday, 1989), 506.

第七章 人生的另一边：我们死后去向何方

1. *Wikipedia, The Free Encyclopedia*, s.v. “Rule of Saint Benedict” (accessed November 3, 2017), http://tinyurl.com/b5t9dws.
2. *Wikipedia, The Free Encyclopedia*, s.v. “Order of Saint Benedict” (accessed December 16, 2017), http://tinyurl.com/y8pxwqtf.
3. *The Rule of Benedict*, Order of Saint Benedict, http://tinyurl.com/ycweregk.
4. Brother David Steindl-Rast, “Learning to Die,” *Parabola* 2, no. 1 (Winter, 1977), http://tinyurl.com/yclmyc9q.
5. Florida Scott-Maxwell, *The Measure of My Days* (New York: Penguin Books, 1983), 42.
6. Erik Erikson, *Childhood and Society* (New York: Norton, 1986).
7. e. e. cummings, “i thank You God for most this amazing,” in *Selected Poems* (New York: Liveright, 2007), 167.
8. 关于7月4日的这场强对流风暴，更多的信息请参见：“July 4-5, 1999 Derecho: ‘The Boundary Waters—Canadian Derecho’,” http://tinyurl.com/5jefal.
9. *Wikipedia, The Free Encyclopedia*, s.v. “Julian of Norwich” (accessed November. 9, 2017), http://tinyurl.com/ya8esqa7.